새 이화 한국어

새 이화 한국어 2-1 (English Version)

지은이 이화여자대학교 언어교육원(이민경·김현진·배재원·정누리·오유영·박옥경·황윤정·최효원)
감수 이은주·김영규·박선희

펴낸날 1판 1쇄 2024년 3월 1일

펴낸이 주소현
펴낸곳 이화여자대학교출판문화원
등록 1954년 7월 6일 제9-61호
주소 서울특별시 서대문구 이화여대길 52
전화 02-3277-2965(편집), 02-362-6076(마케팅)
팩스 02-312-4312
전자우편 press@ewha.ac.kr
홈페이지 www.ewhapress.com

책임편집 이혜지
디자인 프로스트아이디어
번역 김영은
번역감수 이미진(이화여대 영어교육과 교수)
일러스트 정윤서
사진촬영 강지민
촬영지원 홍연아
녹음 오렌지 커뮤니케이션즈
성우 권도일, 김다운

ISBN 979-11-5890-513-2 14710
979-11-5890-490-6 (세트)

* 사진 촬영에 협조해 주신 양혜윤, Sakurai Azusa, Ketamornwattana Chutisara, Mikael Ovaska, Mariarosa Patino, Fukunishi Haruka, Chu Adolphus, Wold Benedicte Sofie Tennaas, 홍서현 씨, 이화여자대학교 언어교육원 학생들과 이화여자대학교 학생들에게 감사를 드립니다.

* 잘못된 책은 구입처에서 바꾸어 드립니다.

새 이화 한국어

ENGLISH VERSION

이화여자대학교 언어교육원 지음

이민경 · 김현진 · 배재원 · 정누리
오유영 · 박옥경 · 황윤정 · 최효원

2-1

이화여자대학교출판문화원

머리말

이화여자대학교 언어교육원은『이화 한국어』를 발간한 지 12년 만에 새로운 의사소통 중심 교재『새 이화 한국어』를 발간하게 되었습니다. 지난 10여 년 동안『이화 한국어』는 세계 각국에서 사용되어 왔으며 현재까지도 외국인들에게 좋은 학습의 길잡이가 되고 있습니다. 그러나 교수·학습 환경이 나날이 변화하고 한국어 학습자의 요구가 다양해짐에 따라 이에 부응할 새로운 교재의 필요성이 대두되었습니다. 이화여자대학교 언어교육원은 오랜 한국어 교육 경험과 연구를 바탕으로『이화 한국어』를 전면적으로 혁신할 새로운 교재 개발에 착수하였고, 약 3년의 작업 끝에 마침내『새 이화 한국어』를 세상에 내놓게 되었습니다.

『새 이화 한국어 2』는 듣기, 말하기, 읽기, 쓰기의 통합 교재로 다음의 특징이 있습니다. 먼저 한 단원을 세 개의 소단원으로 구성하여 하나의 주제에 대하여 다양한 기능을 충분히 연습할 수 있도록 설계하였습니다. 또한 문법의 비중을 낮추고 재미있으면서도 실제적인 의사소통 과제의 비중을 높임으로써 수업 내용이 실생활로 전이될 수 있도록 하였습니다. 어휘, 문법은 언어 지식을 쌓는 것에 그치지 않도록 듣기, 말하기, 읽기, 쓰기와 연계를 활용한 유의미한 연습을 제시하였습니다.

특히 이 교재는 네 가지 언어 기능의 균형 있는 발전을 유도하면서도 말하기 능력을 강화하도록 고안된 것이 특징입니다. 이를 위해 대화, 역할극, 그룹 활동 등 방식과 참여 인원 등을 다양화하여 말하기 과제를 제시하였습니다. 이러한 과제를 통해 학습자들이 다양한 상황에서 주도적으로 말하기를 이끌어가는 능력을 기를 수 있을 것으로 기대됩니다. 그리고 듣기와 말하기, 읽기와 말하기, 읽기와 쓰기 등 여러 기능을 연계하고 통합한 과제를 제시함으로써 구어와 문어 학습이 긴밀하게 연계될 수 있도록 구성하였습니다.

이 교재가 발간되기까지 정말 많은 분들의 땀과 노고가 있었습니다. 이화여자대학교 언어교육원을 대표하여, 좋은 교재를 개발하기 위해 밤낮으로 고민하고 집필에 매진하신 저자 분들께 깊은 감사를 드립니다. 또한 교재가 발간되기까지 여러 가지 행정적 지원을 아끼지 않고 수고해 주신 언어교육원 행정실에도 진심으로 감사를 드립니다. 그리고 감수를 맡아 교재 구성과 내용에 많은 조언을 해 주신 이은주, 김영규 교수님께도 감사의 말씀을 드립니다. 마지막으로 이 교재가 이렇게 멋진 모습으로 발간될 수 있도록 편집과 출판을 맡아 주신 이화여자대학교출판문화원에도 깊은 감사의 마음을 전합니다.

이 교재가 국내외에서 한국어 교재로 널리 활용되어 한국어를 쉽고 재미있고 효과적으로 교수·학습하는 데에 크게 기여하기를 바랍니다. 아울러 앞으로 나아가야 할 한국어 교육의 방향을 선도하는 역할도 하게 되기를 기대합니다.

2024년 3월

이화여자대학교 언어교육원

원장 박선희

PREFACE

Ewha Language Center at Ewha Womans University has published *New Ewha Korean*, a new communication-oriented textbook, twelve years after the first publication of *Ewha Korean*. Over the past ten years, *Ewha Korean* has been widely used in many countries around the world, and even today, it serves as a valuable learning guide for many foreigners. However, to reflect the rapid changes in teaching and learning environment and to meet the various needs of Korean language learners, this new textbook edition has become necessary. Based on its long experience in Korean language education and research, Ewha Language Center at Ewha Womans University has developed a new textbook to refine the previous edition *Ewha Korean*, and the *New Ewha Korean* has finally been released after about three years of work.

New Ewha Korean 2 is a textbook that integrates listening, speaking, reading, and writing with the following characteristics. First, each unit consists of three subunits so that it allows for sufficient practice of various functions related to a single topic. In addition, by lowering the weight of grammar and increasing motivating and practical communication tasks, the course content can be transferred to real life. Meaningful exercises that integrate listening, speaking, reading, writing practices are also provided in order to avoid limiting language knowledge to only vocabulary and grammar.

In particular, this textbook is designed to strengthen speaking skills while encouraging a balanced development of the four language skills. To this end, speaking tasks include a variety of formats such as conversation, role play, and group activities, and involve different numbers of participants. Through these tasks, it is expected that learners will be able to develop the ability to lead speaking in a variety of situations. In addition, by presenting assignments that combine language skills such as listening and speaking, reading and speaking, and reading and writing, tasks are structured so that oral and written language learning can be closely linked.

This textbook required much effort and dedication before it was published. On behalf of the Ewha Language Center at Ewha Womans University, I would like to express my deepest gratitude to the authors who worked hard day and night to develop an exemplary textbook. In addition, I would like to express my sincere gratitude to the administrative office of Ewha Language Center for their hard work and support in the publication of this textbook. I would also like to sincerely thank Professor Eun-joo Lee and Professor Young-kyu Kim, who provided many suggestions on the textbook structure and content. Lastly, I would like to extend my thanks to the Ewha Womans University Press for editing and publishing this textbook so that it can be published in such a wonderful form.

I hope that this textbook will be widely used as a Korean language textbook in Korea and abroad, contributing greatly to teaching and learning the Korean language easily, enjoyably, and effectively. In addition, I hope it will play a leading role in guiding the future direction of Korean language education.

March 2024
Ewha Language Center at Ewha Womans University
Director Sun-hee Park

교재 구성표

단원	단원명	소단원 1					
		제목	어휘와 표현	문법	듣고 말하기	발음	제목
1	학교생활	대학교에 들어가려고 공부해요	자기소개	V-으려고/려고	자기소개에 대해 듣고 말하기	비음화 ①	그림 동아리에 가입할게요
2	일상생활	어머니께서 운동을 좋아하세요	가족, 높임말	A/V-으시/시- 더 N께서, N께서는, N께	가족에 대해 듣고 말하기	겹받침의 발음	머리를 잘라 주세요
3	주거 환경	어떤 집에서 살고 싶어요?	집, 주거 환경	A-은/ㄴ	살고 있는 집에 대해 듣고 말하기	유음화 ①	다른 집보다 좀 비싸요
4	외모와 성격	옷을 잘 입는 사람이에요	옷차림 더 V-고 있다	V-는	옷차림에 대해 듣고 말하기	'의' 발음	잃어버린 가방을 찾고 있어요
5	경험	정말 재미있겠어요	여행 준비	A/V-겠-	여행 경험에 대해 듣고 말하기	구개음화	아르바이트를 한 적이 있어요
6	공공장소	여권이 없는데 통장을 만들 수 있어요?	은행 업무	A-은데/ㄴ데 V-는데	공공 서비스 이용에 대해 듣고 말하기	비음화 ②	여기에 앉아도 돼

소단원 2			소단원 3				문화
어휘와 표현	문법	읽고 말하기	제목	문법	듣고 말하기	읽고 쓰기	
동아리 가입, 동아리 활동	V-을게요/ ㄹ게요	동아리에 대해 읽고 말하기 더 V-아 보다/ 어 보다(시도)	한국어를 배우는 것이 즐겁습니다	V-는 것	한국어 공부 방법에 대해 듣고 말하기	언어 교환에 대한 글 읽고 쓰기 더 V-겠-	나이를 묻는 이유
빨래방, 미용실	V-아 주다/ 어 주다 더 르 불규칙	빨래방, 미용실 이용에 대해 읽고 말하기	늦게 자게 돼요	V-게 되다	생활 습관에 대해 듣고 말하기	한국 생활 정보에 대한 글 읽고 쓰기	우리
이사	N보다	살고 싶은 집에 대해 읽고 말하기 더 N마다	어려운 일이 있을 때 잘 도와줘요	A/V-을 때/ㄹ 때	룸메이트에 대해 듣고 말하기	동네에 대한 글 읽고 쓰기	집과 온돌
색깔	V-은/ㄴ	물건에 대해 읽고 말하기	가족처럼 소중한 사람이에요	N처럼	친구에 대해 듣고 말하기	이상형에 대한 글 읽고 쓰기 더 A-게	옷과 신발의 사이즈
직업	V-은 적이 있다/ㄴ적이 있다	일해 본 경험에 대해 읽고 말하기 더 V-아 보다/ 어 보다(경험)	한국에 있는 동안 뭐 하고 싶어요?	V-는 동안(에)	한국에서 하고 싶은 일에 대해 듣고 말하기	한국 생활 경험에 대한 글 읽고 쓰기	강릉
공공 예절	V-아도 되다/ 어도 되다	공공 예절에 대해 읽고 말하기 더 A/V-았을 때/ 었을 때	기숙사에 친구를 데려오면 안 돼요	V-으면 안 되다/ 면 안 되다	규칙에 대해 듣고 말하기	규칙을 어긴 경험담 읽고 쓰기 더 ㅎ 불규칙	웃어른에 대한 예절

더 더 알아보기

Table of contents

Subunit 2			Subunit 3				Culture
Vocabulary & expressions	Grammar	Reading & speaking	Title	Grammar	Listening & speaking	Reading & writing	
Joining a club, Club activities	V-을게요/ㄹ게요	Reading and speaking about clubs 더 V-아 보다/어 보다(trial)	I enjoy learning Korean	V-는 것	Listening and speaking about how to study Korean	Reading and writing about language exchange 더 V-겠-	Reasons for asking one's age
Laundromat, Hair salon	V-아 주다/어 주다 더 르 불규칙	Reading and speaking about using a laundromat and a hair salon	I end up going to bed late	V-게 되다	Listening and speaking about daily habits	Reading and writing about daily life in Korea	Our
Moving	N보다	Reading and speaking about the house you want to live in 더 N마다	She helps me a lot when I have difficulties	A/V-을 때/ㄹ 때	Listening and speaking about roommates	Reading and writing about the neighborhood	Korean houses and Ondol
Color	V-은/ㄴ	Reading and speaking about items	He is as precious as my family	N처럼	Listening and speaking about a friend	Reading and writing about ideal types 더 A-게	Size of clothes and shoes
Jobs	V-은 적이 있다/ㄴ 적이 있다	Reading and speaking about work experience 더 V-아 보다/어 보다(experience)	What do you want to do while staying in Korea?	V-는 동안(에)	Listening and speaking about what you want to do in Korea	Reading and writing about life experiences in Korea	Gangneung
Public manners	V-아도 되다/어도 되다	Reading and speaking about public manners 더 A/V-았을 때/었을 때	You should not bring your friends to the dormitory	V-으면 안 되다/면 안 되다	Listening and speaking about following rules	Reading and writing about experiences of rule violations 더 ㅎ 불규칙	Etiquette for elders

더 더 알아보기

교재 구성과 사용법

How to use this book

- 『새 이화 한국어』 2급은 총 200시간 분량의 한국어 교재이다.
  New Ewha Korean LEVEL 2 is a Korean language textbook with a total of 200 hours of lessons.

- 『새 이화 한국어』 2급은 '국제 통용 한국어 표준 교육과정' 2급, '유럽공통참조기준(CEFR)' A2 정도에 해당된다.
  New Ewha Korean LEVEL 2 corresponds to Level 2 of the International Standard Curriculum for Korean Language and A2 of the Common European Framework of Reference for Languages(CEFR).

- 『새 이화 한국어』 2급은 두 권으로 나뉘어 있으며(2-1, 2-2), 『새 이화 한국어 2-1』은 1~6단원, 『새 이화 한국어 2-2』는 7~12단원으로 구성되어 있다.
  New Ewha Korean LEVEL 2 is divided into two volumes (2-1, 2-2) and *New Ewha Korean* 2-1 consists of units 1~6, and *New Ewha Korean* 2-2 consists of units 7~12.

- 각 단원은 세 개의 소단원으로 구성되어 있으며 세부 내용은 아래와 같다.
  Each unit consists of three subunits. The details are as follows.

단원 Unit							
소단원 1 Subunit 1		**소단원 2** Subunit 2		**소단원 3** Subunit 3			
어휘와 표현	Vocabulary and expressions	어휘와 표현	Vocabulary and expressions	문법	Grammar	문화 Culture	어휘와 표현 확인 Vocabulary and expressions check
문법	Grammar	문법	Grammar	듣고 말하기	Listening and speaking		
듣고 말하기	Listening and speaking	읽고 말하기	Reading and speaking	읽고 쓰기	Reading and writing		
발음	Pronunciation						

- 말하기 활동에 다양한 아이콘이 사용되는데, 그 의미는 다음과 같다.
  Various symbols are used for speaking activities, and their meanings are as follows.

아이콘 Symbol	**의미** Meaning
	짝 활동(짝이 바뀌지 않음) pair work (not changing a partner)
	짝 활동(짝이 바뀜) pair work (with changing partners)
	3~4명 그룹 활동 group work of 3-4 people
	교실 발표 a classroom presentation

- 듣기 자료는 이화여자대학교출판문화원 홈페이지에서 내려받을 수 있으며, 교재의 QR 코드를 통해 바로 접근할 수도 있다.
  The audio can be downladed from the Ewha Womans University Press website(www.ewhapress.com) or by scanning the QR code in the textbook.

단원 표지

Unit cover page

- 단원의 제목과 소단원의 학습 목표와 내용을 알려 준다.
  The title of the unit and the objectives and contents of each subunit are presented.

- 사진 자료로 각 소단원의 주제를 알 수 있도록 보여 준다.
  Pictures relevant to the topic of each subunit are presented.

- 각 소단원의 주제 관련 표현을 제시하여 학습자들이 그 표현과 관련된 사진을 찾아보게 함으로써 각 소단원의 주제를 인지하고 배경지식을 활성화할 수 있게 한다.
  Learners are encouraged to match the pictures with the expressions provided in order to recognize the topics of the subunits and activate their background knowledge.

어휘와 표현

Vocabulary and expressions

소단원 subunit 1, 2

- 주제별로 선정된 목표 어휘와 표현을 사진이나 그림과 함께 제시하여 의미를 유추할 수 있도록 구성하였다.
  The target vocabulary and expressions selected for each topic are presented with pictures so that learners can infer the meaning.

- 어휘와 표현은 기본형이 아닌 '-아요/어요' 등을 활용한 형태로 제시하였다.
  The vocabulary and expressions are presented in the form of –아요/어요, instead of basic forms.

- 배운 어휘와 표현을 사용해서 위의 사진이나 그림에 대해 또는 자기 자신에 대해 이야기하는 말하기 연습이다.
  This is a speaking exercise where learners use the vocabulary and expressions they have learned to talk about the pictures above or themselves.

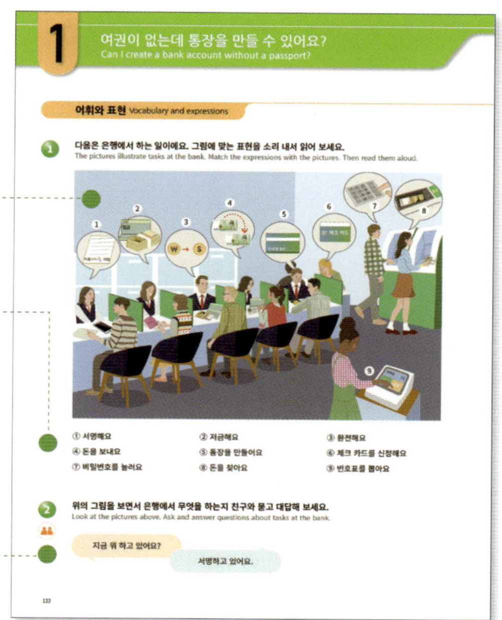

문법

Grammar

소단원 subunit 1, 2, 3

- 목표 문법이 사용되는 전형적인 대화 또는 짧은 읽기 텍스트를 사진이나 그림과 함께 제시함으로써 학습자가 문법의 의미를 유추할 수 있게 하였다.
  Typical conversations or a short reading text using the target grammar are presented along with pictures to help learners to infer its meaning.

- 주어진 정보를 보고 배운 문법을 사용해서 질문하고 대답하는 연습이다.
  This exercise involves asking and answering questions using the target grammar and given information.

- 서로 질문하고 대답한 후에 상대방한테서 들은 내용을 써 보는 연습이다.
  This is a pair work of asking and answering questions to each other and writing down the partner's answers.

- 목표 문법이 사용되는 대화 4개와 문법의 의미, 형태 정보를 제시하였다. 형태 변화가 없는 경우에는 형태 정보를 제시하지 않았다.
  Four example sentences using the target grammar are presented with explanations of its meaning and form. If there are no morphological changes, the information about the form is not included.

- 배운 문법을 사용해서 질문과 대답을 연결하고 대화를 들어 보는 연습이다.
  This exercise involves matching questions and answers using the grammar learned and listening to conversations.

- 소단원 1, 2의 문법 익히기 3번 연습에 '정보 차 활동'이 들어간 경우가 있다.
  In some units, 'information gap activities' are included in exercise 3 of subunits 1 and 2.

- 학생 A와 학생 B의 활동지가 다르며, 학생 A는 해당 페이지에 있는 활동지를 사용하고 학생 B는 책 뒤쪽 부록에 있는 활동지를 사용하면 된다.
  Student A and Student B have different activity sheets, and Student A should use the activity sheet on the page and Student B should use the activity sheet at the back of the book.

- 학생 A는 (1), (3), (5), (7)번을 먼저 질문하고, 학생 B는 (2), (4), (6), (8)번을 먼저 질문한다.
  Student A asks questions (1), (3), (5), and (7) first, and Student B asks questions (2), (4), (6) and (8) first.

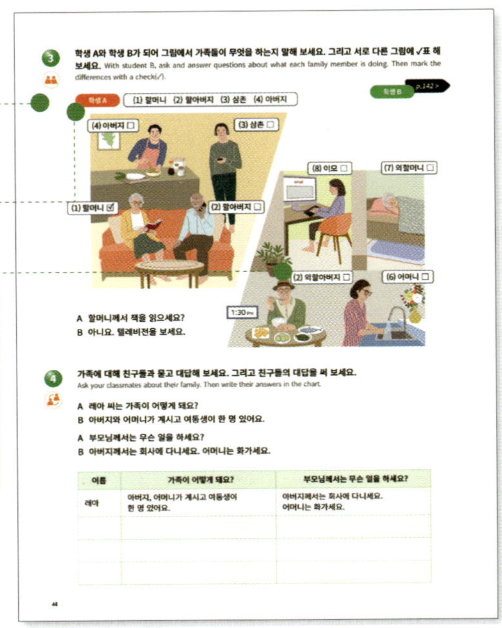

듣고 말하기

Listening and speaking

소단원 subunit 1, 3

- 듣고 말하기의 도입이다. 사진이나 그림을 제시하여 듣거나 말할 내용을 추측해 보고 어휘나 표현을 학습하는 데에 도움이 되도록 하였다.

  This is the introduction to listening and speaking. Pictures are presented to help learners predict what they will hear or talk about and learn vocabulary and expressions.

- 듣기 단계이다. 대화의 난이도와 길이에 따라 2번과 3번으로 나누어 제시하였다. 또한 들은 내용을 확인하는 문제를 제시하여 학습자가 무엇에 중점을 두고 들어야 하는지 안내하였다.

  This is the listening stage. Two listening passages are presented with differing difficulty and length. Additionally, questions are provided to check understanding of the content and guide learners what to focus on while listening.

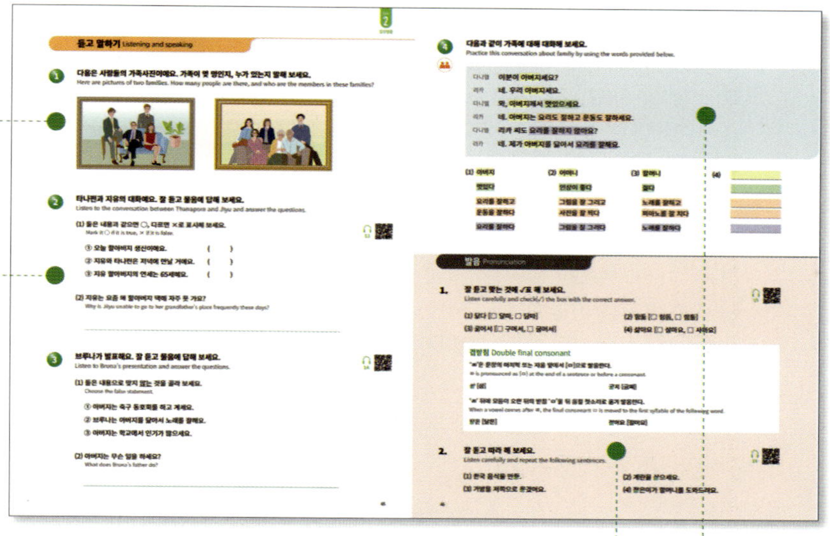

- 말하기 단계이다. 들은 내용과 관련하여 짧은 대화를 구성하는 것이다. 색깔로 표시된 부분을 교체해서 연습할 수 있도록 하였다.

  This is the speaking stage. It is about constructing a short conversation about what you have heard. Learners can practice speaking by replacing the colored parts.

- 소단원 1의 말하기 또는 해당 단원과 관련 있는 발음 규칙을 배울 수 있도록 제시하였다. 먼저 발음을 들어 보고 발음 규칙을 배운 후에 발음에 맞게 따라 해 보게 하였다.

  The pronunciation rules related to the unit are presented. First, learners listen to the pronunciation, learn the rules, and practice the pronunciation correctly.

- 소단원 1과는 달리 소단원 3의 4번 연습에는 그룹으로 진행하는 말하기 활동을 제시하였다. 보통 (1)번은 짝 활동, (2)번은 그룹 활동, (3)번은 발표 형식으로 이루어져 있다. 학습자 간의 다양한 상호 작용을 통해 해당 단원에서 배운 표현을 내재화하고 언어 사용의 유창성을 키우게 하였다.

  Unlike subunit 1, exercise 4 in subunit 3 is a speaking activity conducted as a group. Usually, (1) indicates pair work. (2) indicates group activities, and (3) indicates presentation activities. Through various interactions, the target expressions learned in the unit are internalized, and learners can increase fluency.

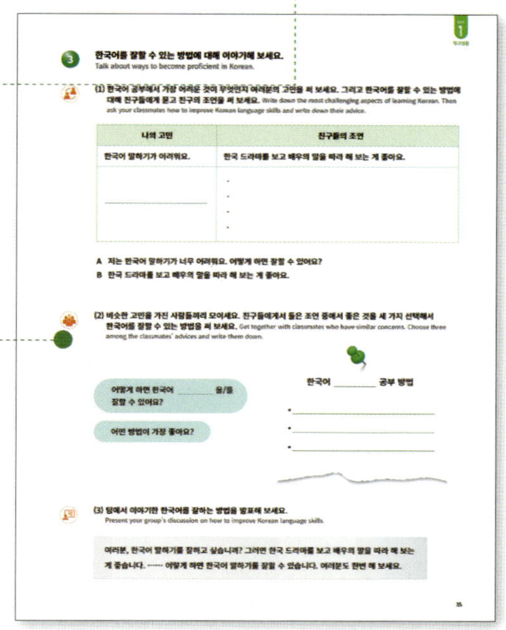

읽고 말하기

Reading and speaking

소단원 subunit 2

- 읽기의 도입 사진 또는 그림이다. 읽을 내용을 추측해 보고 어휘나 표현을 학습하는 데에 도움이 된다.
  This is an introduction to the reading. Pictures are presented to help learners predict the content of the reading and learn vocabulary and expressions.

- 읽기 텍스트이다. 학습자의 수준에 맞는 다양하고 실제적인 텍스트를 제시하였다.
  This is a reading text. Various and practical texts suitable for the learners' levels are presented.

- 말하기 단계이다. 읽은 주제와 관련된 내용으로 역할극을 수행하도록 하였다.
  This is the speaking stage where learners perform a role play based on the topic they have read.

- 상황, 내용, 대화자의 역할 등을 그림과 설명으로 제시하였다.
  The situation, content, and role of the interlocutor are presented in pictures and explanations.

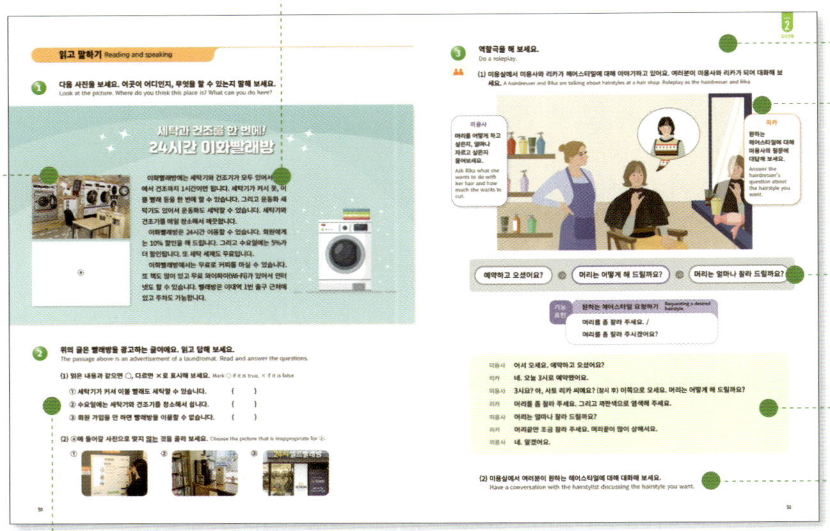

- 읽기 단계이다. 읽은 내용을 확인하는 문제를 제시하여 학습자 스스로 이해도를 점검해 볼 수 있게 하였다.
  This is the reading stage. Comprehension questions are presented so that learners can check their understanding.

- 대화의 주요 핵심 질문을 도식으로 제시했고, 이때 필요한 기능 표현을 제시하였다.
  The main questions of the conversation are presented as a diagram, and the functional expressions are provided.

- 모범 대화문이다.
  This is a model dialogue.

- 자신의 경험과 생각을 바탕으로 말할 수 있는 확장 연습이다.
  This is an expanded practice where learners can freely engage in the conversation based on their own experiences and thoughts.

읽고 쓰기

Reading and writing

소단원 subunit 3

- 소단원 3의 읽기에서는 소단원 2와 텍스트 분량 및 유형, 읽기 활동을 다르게 제시하였다.
  The reading section in subunit 3 differs from that of subunit 2 in terms of length, type, and reading activities.

- 읽기의 도입 사진 또는 그림이다. 읽을 내용을 추측해 보고 어휘나 표현을 학습하는 데에 도움이 된다.
  This is the introduction to reading. Pictures are presented to help learners predict the content to read and learn vocabulary and expressions.

- 쓰기 단계이다. 읽은 텍스트와 유사한 종류의 글을 써 보게 하였다.
  This is the writing stage. It involves writing similar to what the learners have read.

- 먼저 실제 쓸 내용을 구상할 수 있도록 관련된 질문을 넣어 쓰기를 준비하도록 하였다.
  First, learners are presented with relevant questions that help them brainstorm contents for the writing.

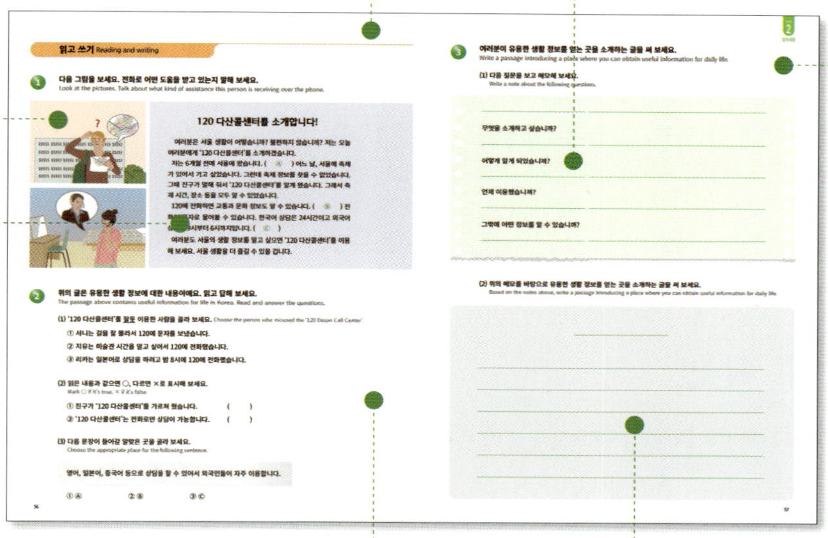

- 읽기 텍스트이다. 학습자의 수준에 맞는 다양하고 실제적인 텍스트를 제시하였다.
  This is a reading text. Various and practical texts suitable for the learners' level are presented.

- 읽기 단계이다. 읽은 내용을 확인하는 문제를 제시하여 학습자 스스로 이해도를 점검해 볼 수 있게 하였다.
  This is the reading stage. Comprehension questions are presented so that learners could check their understanding independently.

- 질문에 대해 작성한 메모를 바탕으로 글을 완성하도록 하여 과정 중심 글쓰기가 이루어지도록 구성하였다.
  Learners are guided through process-oriented writing as they complete their writing based on the notes they wrote for the questions above.

문화

Culture

- 문화는 먼저 해당 단원의 주제와 관련된 한국 문화의 내용에 대해 생각해 보게 하였다.
  The cultural section requires learners to explore Korean cultural aspects related to the topic of the unit.

- 시각 자료 및 텍스트를 보며 문화에 대해 알아보게 하였다.
  With visuals and texts, learners are able to understand the Korean culture.

- 문화에 대한 이해를 바탕으로 상호문화적인 관점에서 자신의 생각을 이야기해 보도록 하였다.
  Learners are encouraged to share their thoughts from an intercultural perspective about the Korean culture presented above.

- 문화에 대해 더 잘 이해할 수 있도록 부록에 해당 한국 문화에 대한 자세한 설명을 번역과 함께 제시하였다.
  In order to better understand the culture, a detailed explanation of the Korean culture is presented in the appendix along with the translation.

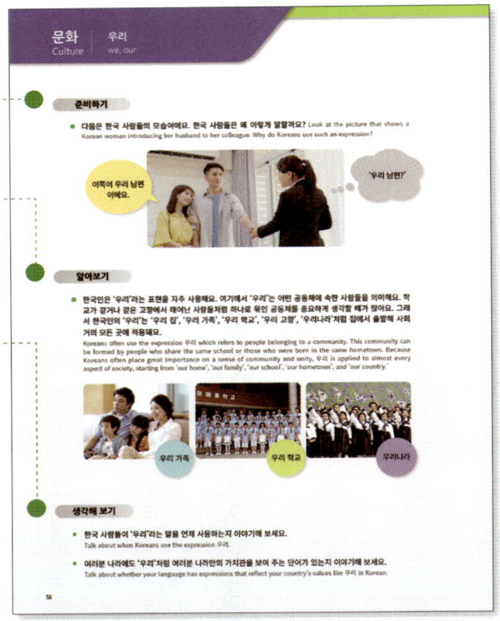

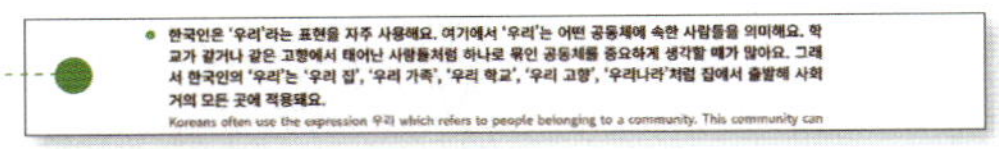

어휘와 표현 확인

Vocabulary and expressions check

- 해당 단원에서 나온 모든 신출 어휘와 표현을 번역과 함께 제시하여 학습자 스스로 의미를 확인해 보도록 구성하였다.
  All new vocabulary and expressions from the unit are presented with translations to enable learners to verify their meanings.

차 례
Contents

등장인물
Characters

ELC: Ewha Language Center

1 단원 Unit

학교생활
School life

1

2

3

다음 표현에 알맞은 사진을 찾아서 번호를 써 보세요.

Match the expressions with the pictures and write the number in the box.

- ☐ 단어를 예습해요.
- ☐ 컴퓨터공학을 전공해요.
- ☐ 동아리 가입을 환영해요.

1 대학교에 들어가려고 공부해요

I'm studying to enter college

어휘와 표현 Vocabulary and expressions

1 다음은 학생증 신청서예요. 번호에 해당하는 어휘를 소리 내서 읽어 보세요.

Below is an application form for a student ID. Read a list of words that are numbered.

http://student.ewha.com/forms

학생증 신청

① 이름(영문 성명)	사토 리카(Sato, Rika)
② 반	201반
③ 국적	일본
④ 생년월일	2005년 6월 27일
⑤ 여권 번호	JF54391038
⑥ 성별	☐ 남 ☑ 여
⑦ 주소	서울특별시 서대문구 이화여대길 52 이화여자대학교 기숙사 7동 308호
⑧ 핸드폰 번호	010-1824-7695
⑨ 이메일 주소	rika03@ewha.edu

제출

2 위의 그림을 보면서 이 사람에 대해 친구와 묻고 대답해 보세요.

Look at the application form above. Ask and answer questions about this person.

이름이 어떻게 돼요?

사토 리카예요.

문법 Grammar

1 **대화를 듣고 다음 질문에 알맞은 답을 골라 보세요.**
Listen to the conversations. Then choose the correct answer to each question.

1

(1) 왜 한국어를 공부해요?

①

②

(2) 왜 빵을 많이 샀어요?

①

②

V-으려고/려고

A 타나펀 씨, 지금 어디에 가요?
B 점심을 먹으려고 학생 식당에 가요.

A 지금 뭐 하고 있어요?
B 콘서트에 가려고 표를 예매하고 있어요.

A 브루나 씨, 요즘 어떻게 지내요?
B 회사에 취직하려고 취직 준비를 하고 있어요.

A 마트에서 뭘 샀어요?
B 불고기를 만들려고 고기를 샀어요.

'-으려고/려고'는 동사에 붙어 뒤 절의 행동을 하는 의도나 목적을 나타낼 때 사용한다.
-으려고/려고 is attached to a verb to indicate the intention or purpose of an action of the following clause.

받침 ○ + 으려고　　　받침 ×, ㄹ + 려고

2 **질문에 알맞은 대답을 찾아 써 보세요. 그리고 맞는지 들어 보세요.**
Match the questions and answers. Then listen to check your answers.

2

(1) 백화점에서 뭘 샀어요? ___ⓒ___
(2) 왜 돈을 모으고 있어요? ______
(3) 오늘 몇 시에 일어났어요? ______
(4) 다니엘 씨, 벌써 퇴근했어요? ______
(5) 여보세요. 리카 씨, 지금 어디예요? ______

ⓐ 네. 아파서 쉬려고 일찍 퇴근했어요.
ⓑ 자전거를 사려고 돈을 모으고 있어요.
ⓒ 여름에 입으려고 반바지를 하나 샀어요.
ⓓ 지하철이에요. 친구를 만나려고 명동에 가고 있어요.
ⓔ 6시요. 오늘 수업 첫날이라서 늦지 않으려고 일찍 일어났어요.

3 사람들이 친구를 기다리는 목적이 무엇인지 말해 보세요.

Ask and answer questions about the reason each person waits for his/her friend.

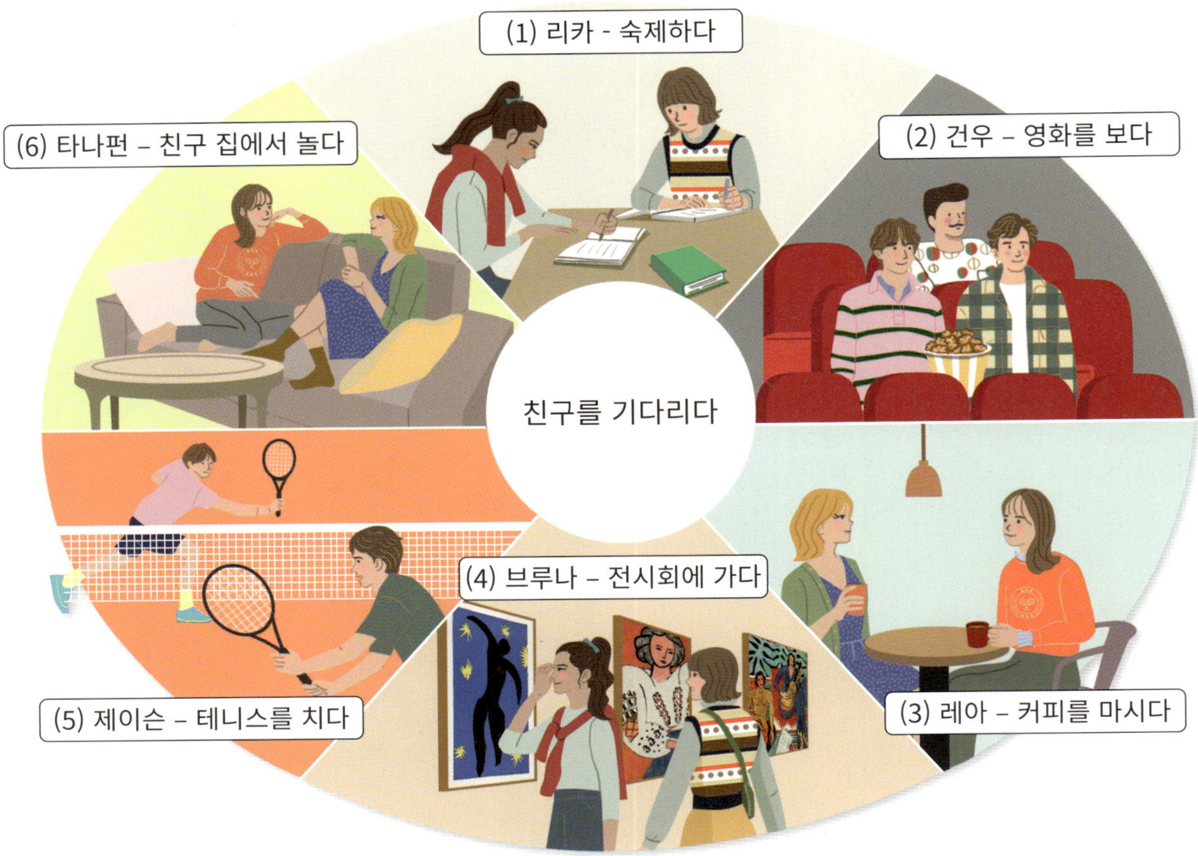

A 리카 씨, 지금 뭐 하고 있어요?

B 같이 숙제하려고 친구를 기다리고 있어요.

4 국적과 한국에 온 목적에 대해 친구들과 묻고 대답해 보세요. 그리고 친구들의 대답을 써 보세요.

Ask your classmates about their nationalities and reasons for coming to Korea. Then write their answers.

A 레아 씨, 어디에서 왔어요?

B 프랑스 파리에서 왔어요.

A 왜 한국에 왔어요?

B 한국어를 배우려고 왔어요.

이름	어디에서 왔어요?	왜 한국에 왔어요?
레아	프랑스 파리에서 왔어요.	한국어를 배우려고 왔어요.

듣고 말하기 Listening and speaking

1 다음은 사람들의 모습이에요. 사람들이 무엇을 하는지 말해 보세요.
Look at the pictures. Talk about what these people are doing.

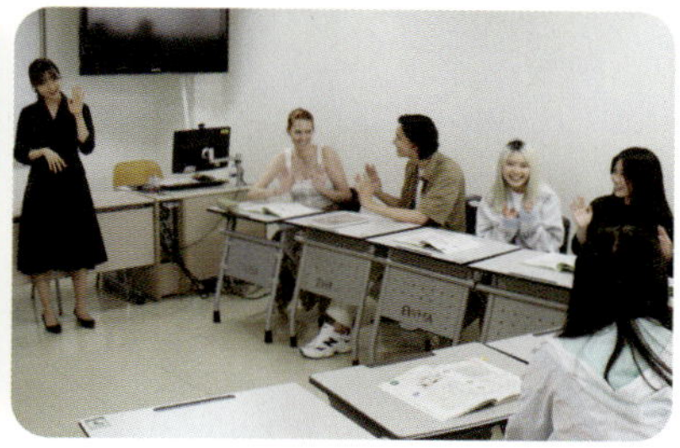

2 교실에서 학생들이 자기소개를 해요. 잘 듣고 물음에 답해 보세요.
Students are introducing themselves in the classroom. Listen and answer the questions. 3

(1) 올가에 대해 맞지 않는 것을 골라 보세요.
Choose the false statement about Olga.

① 전공은 경제학이에요.
② 러시아에서 대학교를 졸업했어요.
③ 대학원에 들어가려고 한국에 왔어요.

(2) 다니엘에 대해 맞지 않는 것을 골라 보세요.
Choose the false statement about Daniel.

① 독일에서 왔어요.
② 컴퓨터를 배우고 있어요.
③ 동료들과 한국어로 이야기하고 싶어요.

3 건우와 타나펀의 대화예요. 잘 듣고 물음에 답해 보세요.
Listen to the conversation between Gunwoo and Thanaporn and answer the questions. 4

(1) 들은 내용과 같으면 ○, 다르면 ×로 표시해 보세요.
Mark ○ if it is true, × if it is false.

① 건우는 여행하려고 한국에 왔어요. ( )
② 건우는 재미교포이고 대학생이에요. ( )
③ 타나펀은 3개월 전에 태국에 갔어요. ( )

(2) 타나펀은 왜 한국말을 공부하고 있어요?
Why is Thanaporn studying Korean?

4 다음과 같이 자기소개를 해 보세요.

Practice this conversation about self-introduction by using the words provided below.

제이슨 안녕하세요? 제 이름은 제이슨이에요.

레아 안녕하세요? 저는 레아예요. 만나서 반가워요.

제이슨 레아 씨는 무슨 일을 해요?

레아 지금 한국말을 배우고 있어요. 제이슨 씨는요?

제이슨 저는 영어를 가르치고 있어요. 레아 씨는 왜 한국말을 공부해요?

레아 한국 친구와 한국말로 이야기하려고 공부해요.

(1)	(2)	(3)	(4)
제이슨	다니엘	수빈	
레아	브루나	리카	
영어를 가르치다	컴퓨터 회사에서 일하다	대학원에 다니다	
한국 친구와 한국말로 이야기하다	한국 회사에 취직하다	한국 드라마를 한국어로 보다	

발음 Pronunciation

1. 잘 듣고 맞는 것에 ✓표 해 보세요.

Listen carefully and check(✓) the box with the correct answer.

5

(1) 한국말 [□ 한국말, □ 한궁말]

(2) 국물 [□ 궁물, □ 국물]

(3) 작년 [□ 장년, □ 작년]

(4) 먹는 [□ 먹는, □ 멍는]

비음화 ① Nasalization ①

받침소리 [ㄱ]은 뒤에 'ㄴ'이나 'ㅁ'이 오면 [ㅇ]으로 발음한다.

The final consonant sound [ㄱ] is pronounced as [ㅇ] when ㄴ or ㅁ comes after it.

국내 [궁내]　　목말라요 [몽말라요]　　한옥 마을 [하농마을]

2. 잘 듣고 따라 해 보세요.

Listen carefully and repeat the following sentences.

6

(1) 가방 안에 책만 있어요.

(2) 이 컴퓨터는 백만 원이에요.

(3) 저는 책 읽는 것을 좋아해요.

(4) 좋은 아이디어가 생각났어요.

2 그림 동아리에 가입할게요
I will join the painting club

어휘와 표현 Vocabulary and expressions

1 **다음은 동아리에 가입하고 동아리 활동을 하는 모습이에요. 그림에 맞는 표현을 소리 내서 읽어 보세요.**
The pictures illustrate joining a club and doing various club activities. Match the expressions with the pictures. Then read them aloud.

동아리에 가입해요

동아리 활동을 해요

① 회원을 모집해요	② 가입 신청서를 써요	③ 회비를 내요
④ 만화를 그려요	⑤ 사진을 전시해요	⑥ 악기를 연주해요
⑦ 언어 교환을 해요	⑧ 연극 공연을 해요	⑨ 봉사 활동을 해요

2 **위의 그림을 보면서 사람들이 동아리와 관련하여 무엇을 하고 있는지 친구와 묻고 대답해 보세요.**
Look at the pictures above. Ask and answer questions about what people are doing regarding the club.

지금 뭐 하고 있어요?

회원을 모집하고 있어요.

문법 Grammar

1 다음을 듣고 대화를 읽어 보세요. 샤오동은 무엇을 할 거예요?

Listen and read the conversation. What is Xiaodong going to do?

7

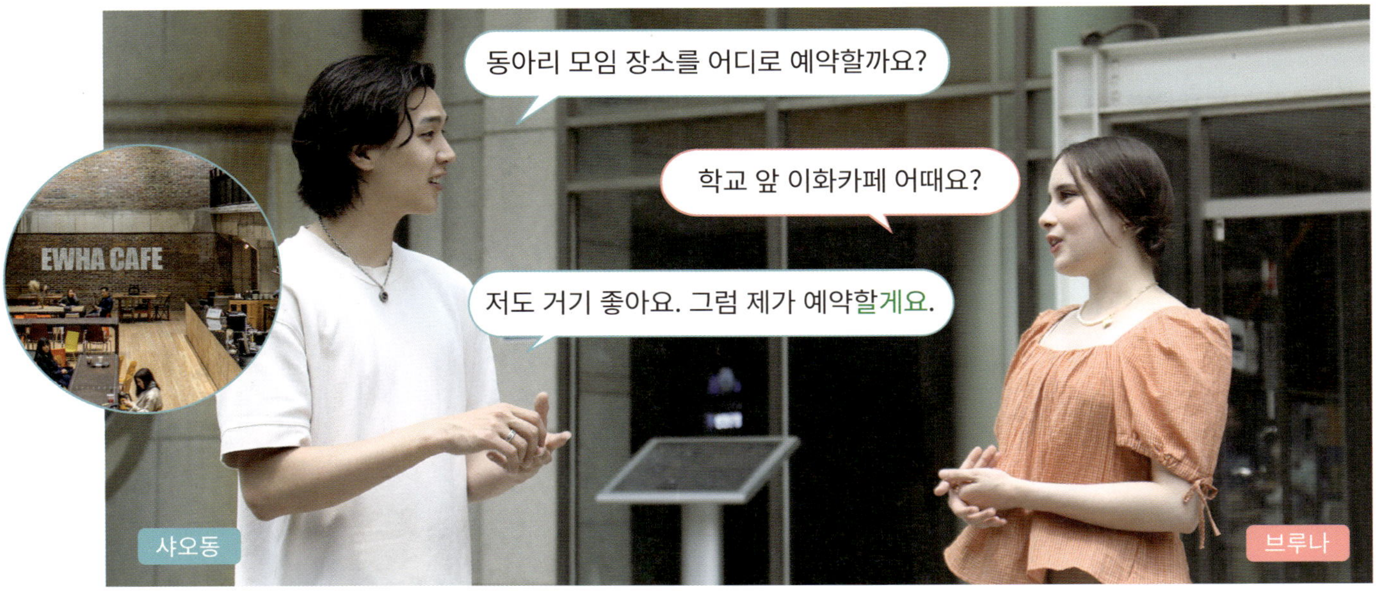

V-을게요/ㄹ게요

A 방이 좀 춥지 않아요?

B 그래요? 그럼 창문을 닫을게요.

A 오늘 점심은 제가 낼게요.

B 그럼 커피는 제가 살게요.

A 내일은 학교에 일찍 오세요.

B 네. 선생님, 다음부터 늦지 않을게요.

A 올가 씨, 이 주스 드세요. 올가 씨한테 주려고 샀어요.

B 정말요? 고마워요. 잘 마실게요.

'-을게요/ㄹ게요'는 동사에 붙어 말하는 사람이 미래의 어떤 일을 하겠다는 뜻이나 의지를 나타낸다. 또한 약속을 할 때 사용한다. -을게요/ㄹ게요 is attached to a verb to indicate the speaker's willingness to do something in the future. It is also used to promise something.

받침 ○ + 을게요

받침 ×, ㄹ + ㄹ게요

2 질문에 알맞은 대답을 찾아 써 보세요. 그리고 맞는지 들어 보세요.

Match the questions and answers. Then listen to check your answers.

8

(1) 제가 영화표를 예매할까요? ⓔ

(2) 어디예요? 저는 도착했어요. ______

(3) 브루나 씨, 이메일 보냈어요? ______

(4) 오늘까지 이 일을 끝낼 수 있어요? ______

(5) 저는 비빔밥을 먹고 싶어요. 지유 씨는요? ______

ⓐ 네. 오늘까지 끝낼게요.

ⓑ 저는 김치찌개를 먹을게요.

ⓒ 지금 가고 있어요. 빨리 갈게요.

ⓓ 아직 안 보냈어요. 지금 보낼게요.

ⓔ 저한테 할인 쿠폰이 있어요. 제가 예매할게요.

3 타나펀의 생일파티를 준비하면서 각자 할 일을 말해 보세요.

Ask and answer questions about what to prepare for Thanaporn's birthday party.

(1) 레아 - 케이크를 만들다

(2) 리카 - 선물을 사다

(3) 샤니 - 축하 카드를 쓰다

(4) 브루나 - 음식을 주문하다

(5) 샤오동 - 콜라를 가져오다

(6) 제이슨 - 생일 축하 노래를 부르다

A 우리 타나펀의 생일파티를 같이 준비해요. 레아 씨는 뭐 할 거예요?

B 저는 케이크를 만들게요.

4 상황을 듣고 어떻게 할 건지 말해 보세요. 그리고 서로 말한 내용을 써 보세요.

Listen to your partner's situation and tell him/her what you will do. Then write his/her situations and your responses in the chart.

A 지금 통화하기가 어려워요.

B 그래요? 그럼 나중에 다시 전화할게요.

상황	대답
지금 통화하기가 어려워요.	나중에 다시 전화할게요.
음악 소리가 너무 커요.	
교실이 더워요.	

읽고 말하기 Reading and speaking

1 **다음 사진을 보세요. 무슨 동아리인지 말해 보세요.**
Look at the pictures. What kind of club are they about?

https://blog.naver.com/the_ewha

이화여대 동아리 소개 | 아리랑이화

Q. 자기소개를 부탁합니다.
안녕하세요? 저는 이화여대 한국 전통 음악 동아리 아리랑이화 회장 컴퓨터공학과 2학년 박지유입니다.

Q. 아리랑이화는 어떤 활동을 합니까?
주로 한국 전통 악기를 배우고 연습합니다. 그리고 2월과 8월에는 공연도 합니다.

Q. 회원은 몇 명쯤 됩니까?
회원은 스무 명이고 외국인도 있습니다. 한국, 미국, 일본, 태국 등 여러 나라 사람이 있어서 재미있습니다.

Q. 가입은 어떻게 합니까?
이번 달까지 신입 회원을 모집합니다. 신청은 아래의 링크로 할 수 있습니다. 아리랑이화에서 한국 전통 악기도 배우고 여러 나라 친구도 사귀어 보세요. 여러분의 신청을 기다릴게요!

링크: https://ari.ewha/K23RA

2 **위의 글은 동아리에 대한 내용이에요. 읽고 답해 보세요.**
The passage above is about a club. Read and answer the questions.

(1) 동아리 활동에 대해 맞지 않는 것을 골라 보세요. Choose the false statement about the club.

① 한국 전통 악기를 연습합니다. ② 1년에 두 번 공연합니다.
③ 같이 공연을 보러 갑니다.

(2) 읽은 내용과 같으면 ○, 다르면 ×로 표시해 보세요.
Mark ○ if it is true, × if it is false.

① 박지유는 한국 전통 음악을 전공하고 있습니다. ( )
② 외국인도 동아리에 가입할 수 있습니다. ( )
③ 가입하고 싶으면 이번 달까지 이메일로 신청해야 합니다. ( )

+ 더 알아보기

V-아 보다/어 보다(시도)
동사에 붙어 과거에 경험하지 않은 어떤 행위를 시도함을 나타낼 때 사용한다.
It is attached to a verb to indicate an attempt to perform an action that has not been experienced in the past.

예) 이 옷을 입어 보세요.
제주도에 가 보고 싶어요.

3 역할극을 해 보세요.
Do a roleplay.

(1) 올가와 브루나가 동아리에 대해 이야기하고 있어요. 여러분이 올가와 브루나가 되어 대화해 보세요.
Olga and Bruna are talking about a club. Roleplay as Olga and Bruna.

올가
그림 동아리에 가입하고 싶어요. 모임 시간, 활동 내용 등에 대해 브루나에게 물어보세요.
Olga would like to join the painting club. Ask Bruna about the meeting time, club activities, etc.

브루나
그림 동아리 회원이에요. 그림 동아리에 대한 올가의 질문에 대답해 보세요.
Bruna is a member of the painting club. Answer Olga's questions about the club.

어떤 동아리를 하고 있어요? → 동아리에서 주로 뭐 해요? → 동아리는 언제 모여요?

기능 표현 동아리 가입 권유하고 답하기 Encouraging someone to join a club and responding

A 관심이 있으면 한번 와 보세요.
B 한번 가 볼게요. / 꼭 갈게요. / 생각해 볼게요.

올가	브루나 씨는 어떤 동아리를 하고 있어요?
브루나	저는 지난 학기부터 그림 동아리를 하고 있어요.
올가	그래요? 그림 동아리에서 주로 뭐 해요?
브루나	주로 그림을 배우고 그려요. 그리고 이번 학기에는 전시회를 하려고 준비하고 있어요.
올가	그림 동아리는 언제 모여요?
브루나	매주 목요일 오후 3시에 모여요. 올가 씨도 관심이 있으면 한번 와 보세요.
올가	네. 저도 다음 주에 한번 가 볼게요.

(2) 여러분이 가입하고 싶은 동아리에 대해 대화해 보세요.
Talk about the clubs you want to join.

3 한국어를 배우는 것이 즐겁습니다

I enjoy learning Korean

문법 Grammar

1 다음을 읽어 보세요. 타나펀은 꿈이 뭐예요?

Read the following. What is Thanaporn's dream?

저는 지금 한국에서 한국어를 배웁니다. 제 꿈은 한국어 선생님이 되는 것입니다. 그래서 한국어를 열심히 공부하고 있습니다. 꿈이 있어서 한국어를 배우는 것이 즐겁습니다.

V-는 것

A 취미가 뭐예요?
B 사진 찍는 것이 제 취미예요.

A 한국에서 뭐가 가장 힘들어요?
B 고향 음식을 못 먹는 게 가장 힘들어요.

A 오늘 수업 끝나고 영화 보러 갈까요?
B 오늘은 약속이 있어요. 내일 보러 가는 건 어때요?

A 건우 씨, 무슨 운동을 좋아해요?
B 저는 농구하는 걸 좋아해요.

'-는 것'은 동사에 붙어 문장에서 명사로 기능하게 하여 주어, 목적어 등으로 사용할 수 있게 한다. 구어에서는 '-는 것이, -는 것은, -는 것을'을 '-는 게, -는 건, -는 걸'로 줄여서 말하기도 한다.

-는 것 is attached to a verb to make a sentence function as a noun so that it can be used as a subject or object, etc. In spoken language, -는 것이, -는 것은, -는 것을 are abbreviated to -는 게, -는 건, -는 걸.

2 질문에 알맞은 대답을 찾아 써 보세요. 그리고 맞는지 들어 보세요.

Match the questions and answers. Then listen to check your answers.

9

(1) 여행을 자주 해요? ⓓ

(2) 기타를 칠 수 있어요? ______

(3) 지금 읽는 건 무슨 책이에요? ______

(4) 타나펀 씨, 올해 목표가 뭐예요? ______

(5) 어떻게 하면 한국어를 잘할 수 있어요? ______

ⓐ 이 책요? 소설책이에요.
ⓑ 한국어능력시험 3급을 따는 게 목표예요.
ⓒ 아니요. 그래서 기타 치는 걸 배우고 싶어요.
ⓓ 네. 여행하는 걸 좋아해서 1년에 한두 번 꼭 가요.
ⓔ 한국어를 잘하고 싶으면 단어를 많이 아는 게 중요해요.

3 다음을 보고 '-는 게, -는 건, -는 걸'을 사용해서 빈칸에 써 보세요.

Look at the pictures and write in the blanks using -는 게, -는 건, -는 걸.

(1)

A 한국어 공부에서 뭐가 가장 어려워요?

B 한국말로 글을 쓰는 게 어려워요.

(2)

A 지금 뭐 하고 있어요?

B 눈이 ____________ 보고 있어요.

(3)

A 레아 씨, 빵을 ____________ 어려워요?

B 아니요. 별로 어렵지 않아요.

(4)

A 우리 내일 뭐 할까요?

B 한강 공원에서 자전거를 ____________ 어때요?

(5)

A 다니엘 씨, 축구를 좋아해요?

B 저는 축구 경기를 ____________ 좋아하지만 축구를 ____________ 별로 안 좋아해요.

4 좋아하는 것에 대해 친구들과 묻고 대답해 보세요. 그리고 친구들의 대답을 써 보세요.

Ask your classmates about what they like to do. Then write their answers in the chart.

샤니 씨는 뭘 좋아해요?

저는 음악 듣는 걸 좋아해요.
그리고 노래 부르는 것도 좋아해요.

이름	뭘 좋아해요?
샤니	음악 듣는 걸 좋아해요. 그리고 노래 부르는 것도 좋아해요.

듣고 말하기 Listening and speaking

1 **다음은 한국어를 배우는 학생들의 모습이에요. 한국어 공부에서 무엇이 어려운지 말해 보세요.**
Below are pictures of students learning Korean. What difficulties do they encounter when learning Korean?

2 **선생님과 샤오동의 대화예요. 잘 듣고 물음에 답해 보세요.** 10
Listen to the conversation between the teacher and Xiaodong and answer the questions.

(1) 샤오동은 한국어 공부에서 무엇이 가장 어려워요?
What is most challenging for Xiaodong when learning Korean?

____

(2) 선생님이 알려 준 방법으로 맞는 것을 모두 골라 보세요.
Choose all the true statements about the teacher's advice.

① 단어와 문법을 예습하는 것
② 한국어로 문장을 만드는 것
③ 한국어로 일기를 쓰는 것

(3) 샤오동에 대해 맞는 것을 골라 보세요.
Choose the true statement about Xiaodong.

① 학교생활이 재미있어요.
② 단어, 문법을 복습하고 있어요.
③ 매일 일기를 쓰는 것이 힘들어요.

3 한국어를 잘할 수 있는 방법에 대해 이야기해 보세요.

Talk about ways to become proficient in Korean.

(1) 한국어 공부에서 가장 어려운 것이 무엇인지 여러분의 고민을 써 보세요. 그리고 한국어를 잘할 수 있는 방법에 대해 친구들에게 묻고 친구의 조언을 써 보세요. Write down the most challenging aspects of learning Korean. Then ask your classmates how to improve Korean language skills and write down their advice.

나의 고민	친구들의 조언
한국어 말하기가 어려워요.	한국 드라마를 보고 배우의 말을 따라 해 보는 게 좋아요.
____________	· · · ·

A 저는 한국어 말하기가 너무 어려워요. 어떻게 하면 잘할 수 있어요?

B 한국 드라마를 보고 배우의 말을 따라 해 보는 게 좋아요.

(2) 비슷한 고민을 가진 사람들끼리 모이세요. 친구들에게서 들은 조언 중에서 좋은 것을 세 가지 선택해서 한국어를 잘할 수 있는 방법을 써 보세요. Get together with classmates who have similar concerns. Choose three among the classmates' advices and write them down.

어떻게 하면 한국어 ________ 을/를 잘할 수 있어요?

어떤 방법이 가장 좋아요?

한국어 ________ 공부 방법

* ____________
* ____________
* ____________

(3) 팀에서 이야기한 한국어를 잘하는 방법을 발표해 보세요.

Present your group's discussion on how to improve Korean language skills.

여러분, 한국어 말하기를 잘하고 싶습니까? 그러면 한국 드라마를 보고 배우의 말을 따라 해 보는 게 좋습니다. …… 이렇게 하면 한국어 말하기를 잘할 수 있습니다. 여러분도 한번 해 보세요.

읽고 쓰기 Reading and writing

1 **다음 그림을 보세요. 두 사람이 무엇을 하고 있는지 말해 보세요.**
Look at the picture. What are these two people doing?

자유게시판 > 글쓰기

language exchange

언어 교환을 하고 싶습니다 !

안녕하세요? 저는 리카입니다. 일본 사람입니다. 일본 대학교에서 한국어를 전공하고 있습니다. 한국어를 공부하러 6개월 전에 한국에 왔습니다.

한국어 공부는 재미있지만 한국어로 이야기하는 것이 어렵습니다. 그래서 일주일에 두 번 언어 교환을 하고 싶습니다. 저는 한국 문화에 관심이 많습니다. 그래서 한국어로 같이 한국 문화 이야기도 하고 발음 연습도 하고 싶습니다. 저는 일본어 공부를 도와드리겠습니다. 특히 일본어로 글 쓰는 것을 잘 도와드릴 수 있습니다.

저는 평일 오전 9시 10분부터 오후 1시까지 한국어 수업을 듣습니다. (Ⓐ) 그래서 화요일 오후와 목요일 오후에 만나는 것이 가장 좋습니다. 연락 기다리겠습니다.

리카, 010-1097-6332

2 **위의 글은 언어 교환에 대한 내용이에요. 읽고 답해 보세요.**
The posting above is about language exchange. Read and answer the questions.

(1) 리카에 대해 맞는 것을 골라 보세요. Choose the true statement about Rika.

① 한국어 수업이 어렵습니다.
② 대학생이고 전공은 한국어입니다.
③ 한국 문화에 관심이 많아서 한국에 왔습니다.

(2) 리카가 원하는 언어 교환 친구로 맞지 <u>않는</u> 것을 골라 보세요.
Choose the false statement about the language exchange partner Rika wants.

①
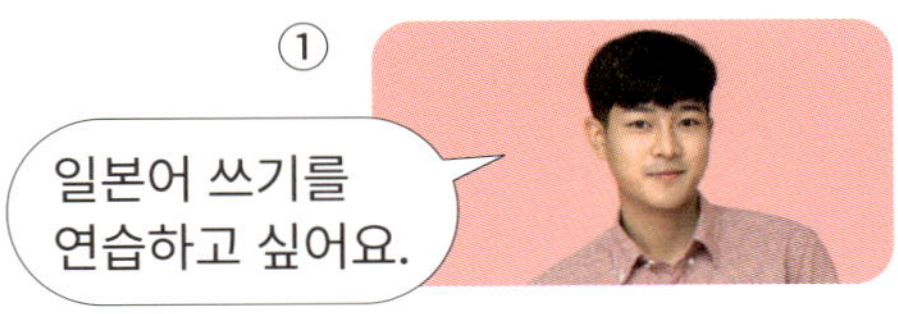

②

③

(3) Ⓐ에 들어갈 문장으로 알맞은 것을 골라 보세요.
Choose the appropriate sentence for Ⓐ

① 오후만 시간이 됩니다.
② 화요일, 목요일에 약속이 있습니다.
③ 월요일, 수요일, 금요일은 오후에 바쁩니다.

> **+ 더 알아보기**
>
> **V-겠-**
>
> 동사에 붙어 앞으로 일어날 미래에 대한 의지를 드러낼 때 사용한다. It is attached to a verb to indicate one's determination for future events.
>
> 예) 오늘 이 책을 다 읽겠어요.
> 이번 학기에 열심히 공부하겠습니다.

3 여러분이 원하는 언어 교환 친구를 구하는 글을 써 보세요.

Write a post that looks for a language exchange partner.

(1) 다음 질문을 보고 메모해 보세요.
Write a note about the following questions.

여러분의 이름, 직업, 국적은 어떻게 됩니까?

언어 교환 친구와 무엇을 하고 싶습니까?

언어 교환 친구를 언제 만나고 싶습니까?

(2) 위의 메모를 바탕으로 언어 교환 친구를 구하는 글을 써 보세요.
Based on the notes above, write a post that seeks for a language exchange partner.

문화 Culture | 나이를 묻는 이유 Reason for asking one's age

준비하기

- 다음은 처음 만나서 인사하는 모습이에요. 한국 사람들은 왜 이런 질문을 할까요?
  Why do Koreans ask about ages when they first meet someone?

알아보기

- 한국 사람들이 처음 만난 사람에게 나이를 묻는 이유는 단순히 나이를 알고 싶어서가 아니에요. 한국에서는 상대방이 자신보다 나이가 많은지, 적은지에 따라 적절하게 말하고 행동하는 것이 중요해요. 그렇지 않으면 예의에 어긋날 수 있어요. 그래서 한국 사람들은 누군가를 처음 만났을 때 앞으로 어떠한 말과 태도로 상대방을 대해야 할지 헤아리기 위해서 나이를 물어요.
  The reason why Koreans ask about age when they first meet someone is not because they simply want to know the age. In Korea, it is important to speak and act appropriately depending on whether the other person is older or younger. Otherwise, it can be considered impolite. Therefore, when Koreans meet someone for the first time, they ask about age to figure out how they should address and interact with the other person.

생각해 보기

- 한국 사람을 처음 만났을 때 나이에 대한 질문을 받은 적이 있는지 이야기해 보세요.
  Talk about when you first met a Korean and were asked how old you are.

- 여러분은 다른 사람을 처음 만났을 때 보통 어떤 질문을 하는지, 그 질문을 왜 하는지 이야기해 보세요.
  Talk about the kind of questions you usually ask when you first meet someone and why you ask those questions.

어휘와 표현 확인
Vocabulary and expressions check

의미를 아는 어휘나 표현에 ✓표 해 보세요.
Check(✓) the vocabulary or expressions that you know.

1 대학교에 들어가려고 공부해요

- □ 학생증 신청 — student ID application
- □ 영문 성명 — English name
- □ 국적 — nationality
- □ 생년월일 — date of birth
- □ 여권 번호 — passport number
- □ 성별 — gender
- □ 서울특별시 — Seoul
- □ 구 — district
- □ 동 — building
- □ 호 — number (of room)
- □ 핸드폰 번호 — cellphone number
- □ 반바지 — shorts
- □ 첫날 — first day
- □ 경제학 — economics
- □ 재미교포 — Korean American
- □ 학년 — grade
- □ 처음 뵙겠습니다 — Nice to meet you
- □ 잘 부탁드립니다 — look forward to your cooperation
- □ 개월 — month
- □ 한국말 — Korean language

2 그림 동아리에 가입할게요

- □ 가입하다 — to join
- □ 회원을 모집하다 — to recruit members
- □ 가입 신청서를 쓰다 — to fill out a membership application form
- □ 회비를 내다 — to pay membership fees
- □ 만화를 그리다 — to draw a cartoon
- □ 사진을 전시하다 — to exhibit photographs
- □ 악기를 연주하다 — to play an instrument
- □ 언어 교환을 하다 — to do language exchange
- □ 연극 공연을 하다 — to perform a play
- □ 봉사 활동을 하다 — to do volunteer work
- □ 장소 — place
- □ 끝내다 — to finish
- □ 할인 쿠폰 — discount coupon
- □ 축하 — congratulations
- □ 가져오다 — to bring
- □ 소리 — sound
- □ 통화하다 — to talk on the phone
- □ 부탁하다 — to ask a favor
- □ 회장 — president
- □ 컴퓨터공학과 — department of computer science
- □ 주로 — mainly
- □ 등 — etc.
- □ 신입 — newcomer
- □ 링크 — link
- □ 매주 — every week

3 한국어를 배우는 것이 즐겁습니다

- □ 꿈 — dream
- □ 가장 — the most
- □ 목표 — goal
- □ (한국어능력시험) 3급을 따다 — to pass level 3 (Test of Proficiency in Korean)
- □ 한두 — one or two
- □ 중요하다 — to be important
- □ 글 — writing, text
- □ 별로 — not much
- □ 쓰기 — writing
- □ 단어 — word
- □ 문법 — grammar
- □ 예습하다 — to preview
- □ 문장 — sentence
- □ 복습하다 — to review
- □ 두세 — two or three
- □ 정도 — about
- □ 도움이 되다 — to be helpful
- □ 말하기 — speaking
- □ 따라 하다 — to repeat
- □ 이렇게 — like this
- □ 관심이 많다 — to have a lot of interests
- □ 발음 — pronunciation
- □ 도와드리다 — to help (polite)
- □ 수업을 듣다 — to take a class
- □ 연락 — contact

2 단원 Unit

일상생활
Daily life

1 어머니께서 운동을 좋아하세요
My mother likes to exercise

- 가족, 높임말
  Vocabulary and expressions: Family, Honorific
- A/V-으시/시-
  Grammar: A/V-으시/시-
- 가족에 대해 듣고 말하기
  Listen and speaking about family

* 겹받침의 발음
  Pronunciation: Double final consonant

2 머리를 잘라 주세요
Please cut my hair

- 빨래방, 미용실
  Vocabulary and expressions: Laundromat, Hair salon
- V-아 주다/어 주다
  Grammar: V-아 주다/어 주다
- 빨래방, 미용실 이용에 대해 읽고 말하기
  Reading and speaking about using a laundromat and a hair salon

3 늦게 자게 돼요
I end up going to bed late

- V-게 되다
  Grammar: V-게 되다
- 생활 습관에 대해 듣고 말하기
  Listening and speaking about daily habits
- 한국 생활 정보에 대한 글 읽고 쓰기
  Reading and writing about daily life in Korea

문화 | 우리
Culture: Our

1

2

3

다음 표현에 알맞은 사진을 찾아서 번호를 써 보세요.

Match the expressions with the pictures and write the number in the box.

- ☐ 지각을 했어요.
- ☐ 빨래방에 갔어요.
- ☐ 우리 부모님이에요.

1 어머니께서 운동을 좋아하세요
My mother likes to exercise

어휘와 표현 Vocabulary and expressions

1 **다음은 가족을 부르는 말이에요. 어휘를 소리 내서 읽어 보세요.**
Here is a list of terms for family members. Read them aloud.

① 할아버지 ② 할머니

③ 외할아버지 ④ 외할머니

⑤ 삼촌

아버지 나 어머니

⑥ 이모

2 **다음은 가족의 모습이에요. 그림에 맞는 표현을 소리 내서 읽어 보세요.**
The pictures illustrate family members. Match the expressions with the pictures. Then read them aloud.

⑦ 

⑧ 

⑨ 

⑩ 

⑪ 

⑫ 

⑦ 주무세요
⑧ 말씀하세요
⑨ 물을 드려요
⑩ 방에 계세요
⑪ 커피를 드세요
⑫ 아침을 잡수세요

3 **2의 그림을 보면서 가족들이 지금 무엇을 하고 있는지 친구와 묻고 대답해 보세요.**
Look at the pictures above. Ask and answer questions about what each family member is doing now.

할아버지가 뭐 하세요?

할아버지가 방에 계세요.

문법 Grammar

1 대화를 듣고 다음 질문에 알맞은 답을 골라 보세요.
Listen to the conversations. Then choose the correct answer to each question.

11

(1) 지유는 왜 꽃을 사요?

① 

② 

(2) 김민지 선생님은 어디에 계세요?

① 

② 

A/V-으시/시-

A 선생님, 몸이 안 좋으세요?
B 네. 머리가 좀 아파요.

A 여보세요. 부장님 자리에 계세요?
B 아니요. 좀 전에 퇴근하셨어요.

A 어서 오세요. 손님, 뭘 찾으세요?
B 운동화를 하나 사고 싶어요.

A 아버지께서는 무슨 일을 하십니까?
B 저희 아버지는 회사원이십니다.

'-으시/시-'는 형용사, 동사, '이다'에 붙어 문장 안에 등장하는 주어를 높여서 주어의 상태나 행위를 존대함을 나타낼 때 사용한다. -으시/시-는 is attached to an adjective, a verb, and 이다 to show respect to the subjects and its state or behavior.

받침 ○ + 으시

받침 ×, ㄹ + 시

2 질문에 알맞은 대답을 찾아 써 보세요. 그리고 맞는지 들어 보세요.
Match the questions and answers. Then listen to check your answers.

12

(1) 김 선생님은 뭐 하세요? ⓔ
(2) 아버지께서 키가 크세요? ______
(3) 레아 결혼 소식을 들으셨어요? ______
(4) 외할머니께서는 어디에서 사세요? ______
(5) 부모님은 언제 한국에 오실 거예요? ______

ⓐ 부산에서 사세요.
ⓑ 아니요. 키가 작으세요.
ⓒ 다음 달에 오실 거예요.
ⓓ 네. 조금 전에 들었어요.
ⓔ 지금 학생과 이야기하세요.

+ 더 알아보기

N께서, N께서는, N께

'께서'는 '이/가', '께서는'은 '은/는', '께'는 '에게'의 높임말이다. 께서 is the honorific form of 이/가, 께서는 is the honorific form of 은/는, and 께 is the honorific form of 에게.

예) 할아버지께서 책을 읽으십니다.
아버지께서는 요리하십니다.
어머니께 선물을 드렸어요.

3 학생 A와 학생 B가 되어 그림에서 가족들이 무엇을 하는지 말해 보세요. 그리고 서로 다른 그림에 ✓표 해 보세요. With student B, ask and answer questions about what each family member is doing. Then mark the differences with a check(✓).

학생 A (1) 할머니 (2) 할아버지 (3) 삼촌 (4) 아버지

학생 B p.142 >

A 할머니께서 책을 읽으세요?

B 아니요. 텔레비전을 보세요.

4 가족에 대해 친구들과 묻고 대답해 보세요. 그리고 친구들의 대답을 써 보세요.

Ask your classmates about their family. Then write their answers in the chart.

A 레아 씨는 가족이 어떻게 돼요?

B 아버지와 어머니가 계시고 여동생이 한 명 있어요.

A 부모님께서는 무슨 일을 하세요?

B 아버지께서는 회사에 다니세요. 어머니는 화가세요.

이름	가족이 어떻게 돼요?	부모님께서는 무슨 일을 하세요?
레아	아버지, 어머니가 계시고 여동생이 한 명 있어요.	아버지께서는 회사에 다니세요. 어머니는 화가세요.

듣고 말하기 Listening and speaking

1 **다음은 사람들의 가족사진이에요. 가족이 몇 명인지, 누가 있는지 말해 보세요.**
Here are pictures of two families. How many people are there, and who are the members in these families?

2 **타나펀과 지유의 대화예요. 잘 듣고 물음에 답해 보세요.**
Listen to the conversation between Thanaporn and Jiyu and answer the questions.

13

(1) 들은 내용과 같으면 ○, 다르면 ×로 표시해 보세요.
Mark ○ if it is true, × if it is false.

① 오늘 할아버지 생신이에요. (　　　)

② 지유와 타나펀은 저녁에 만날 거예요. (　　　)

③ 지유 할아버지의 연세는 65세예요. (　　　)

(2) 지유는 요즘 왜 할아버지 댁에 자주 못 가요?
Why is Jiiyu unable to go to her grandfather's place frequently these days?

____

3 **브루나가 발표해요. 잘 듣고 물음에 답해 보세요.**
Listen to Bruna's presentation and answer the questions.

14

(1) 들은 내용으로 맞지 않는 것을 골라 보세요.
Choose the false statement.

① 아버지는 축구 동호회를 하고 계세요.

② 브루나는 아버지를 닮아서 노래를 잘해요.

③ 아버지는 학교에서 인기가 많으세요.

(2) 아버지는 무슨 일을 하세요?
What does Bruna's father do?

____

4

다음과 같이 가족에 대해 대화해 보세요.

Practice this conversation about family by using the words provided below.

다니엘	이분이 아버지세요?
리카	네. 우리 아버지세요.
다니엘	와, 아버지께서 멋있으세요.
리카	네. 아버지는 요리도 잘하고 운동도 잘하세요.
다니엘	리카 씨도 요리를 잘하지 않아요?
리카	네. 제가 아버지를 닮아서 요리를 잘해요.

(1)	(2)	(3)	(4)
아버지	어머니	할머니	
멋있다	인상이 좋다	젊다	
요리를 잘하고	그림을 잘 그리고	노래를 잘하고	
운동을 잘하다	사진을 잘 찍다	피아노를 잘 치다	
요리를 잘하다	그림을 잘 그리다	노래를 잘하다	

발음 Pronunciation

1. 잘 듣고 맞는 것에 ✓표 해 보세요.

Listen carefully and check(✓) the box with the correct answer.

15

(1) 닮다 [☐ 달따, ☐ 담따]　　(2) 힘듦 [☐ 힘듬, ☐ 힘들]

(3) 굶어서 [☐ 구머서, ☐ 굴머서]　　(4) 삶아요 [☐ 살마요, ☐ 사마요]

겹받침의 발음 Double final consonant

'ㄻ'은 문장의 마지막 또는 자음 앞에서 [ㅁ]으로 발음한다.

ㄻ is pronounced as [ㅁ] at the end of a sentence or before a consonant.

삶 [삼]　　굶지 [굼찌]

'ㄻ' 뒤에 모음이 오면 뒤의 받침 'ㅁ'을 뒤 음절 첫소리로 옮겨 발음한다.

When a vowel comes after ㄻ, the final consonant ㅁ is moved to the first syllable of the following word.

닮은 [달믄]　　젊어요 [절머요]

2. 잘 듣고 따라 해 보세요.

Listen carefully and repeat the following sentences.

16

(1) 한국 음식을 만듦.　　(2) 계란을 삶으세요.

(3) 가방을 저쪽으로 옮겼어요.　　(4) 젊은이가 할머니를 도와드려요.

2 머리를 잘라 주세요
Please cut my hair

어휘와 표현 Vocabulary and expressions

1 **다음은 빨래방과 미용실에서 하는 일이에요. 그림에 맞는 표현을 소리 내서 읽어 보세요.**
Pictures illustrate typical activities at a laundromat and a hair salon. Match the expressions with the pictures. Then read them aloud.

빨래방

미용실

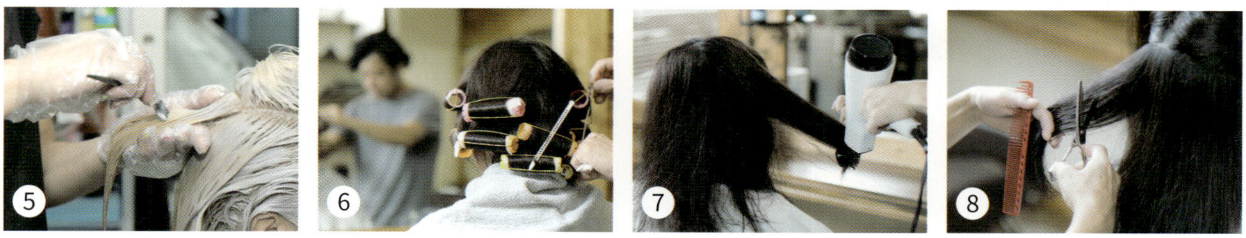

① 동전을 넣어요	② 빨래를 꺼내요	③ 세탁기를 돌려요	④ 건조기에서 빨래를 말려요
⑤ 염색해요	⑥ 파마해요	⑦ 드라이해요	⑧ 머리를 잘라요

2 **위의 그림을 보면서 사람들이 무엇을 하는지 친구와 묻고 대답해 보세요.**
Look at the pictures above. Ask and answer questions about what the people are doing.

이 사람은 빨래방에서 뭐 해요?

동전을 넣어요.

문법 Grammar

1 다음을 듣고 대화를 읽어 보세요. 지유는 세탁소에서 무엇을 요청하고 있어요?
Listen and read the conversation. What is Jiyu asking for at the dry cleaner's?

17

V-아 주다/어 주다

A 수빈 씨, 병원에 같이 가 줄 수 있어요?
B 그럼요. 같이 가요.

A 제가 짐을 좀 들어 줄까요?
B 네. 좀 들어 주세요. 고마워요.

A 이 사진 누가 찍어 줬어요?
B 친구가 찍어 줬어요.

A 선생님, 좀 천천히 말씀해 주세요.
B 네. 알겠어요.

'-아 주다/어 주다'는 동사에 붙어 다른 사람을 위해 어떤 행위를 함을 나타낸다. 남에게 도움을 제안하거나 약속할 때 또는 도움을 요청할 때 주로 사용한다. -아 주다/어 주다 is attached to a verb to indicate an action done for someone. It is mainly used to offer or promise help to others or to ask for help.

ㅏ, ㅗ + 아 주다 ㅏ, ㅗ 외의 모음 + 어 주다 하다 → 해 주다

2 질문에 알맞은 대답을 찾아 써 보세요. 그리고 맞는지 들어 보세요.
Match the questions and answers. Then listen to check your answers.

18

(1) 주말에 뭐 할 거예요? ⓓ
(2) 더우면 창문을 열어 줄까요? ______
(3) 한국 친구를 소개해 드릴까요? ______
(4) 지유 씨가 이 빵을 만들었어요? ______
(5) 올가 씨의 전화번호 좀 알려 줄 수 있어요? ______

ⓐ 네. 소개해 주세요.
ⓑ 괜찮아요. 덥지 않아요.
ⓒ 미안해요. 저도 전화번호를 몰라요.
ⓓ 친구에게 영어를 가르쳐 줄 거예요.
ⓔ 아니요. 어머니께서 만들어 주셨어요.

+ 더 알아보기

르 불규칙

'르'로 끝나는 일부 형용사나 동사 어간 뒤에 어미 '-아/어'가 결합하면 'ㅡ'가 탈락하고 'ㄹ'이 붙는다. When a verb or adjective stem ends with 르 and combines with the ending -아/어, the ㅡ is dropped, and ㄹ is added.

예) 저와 동생은 취미가 달라요. 저는 노래를 잘 못 부르지만 동생은 잘 불러요.

3 사람들이 어떤 도움을 주고받는지에 대해 말해 보세요.

Ask and answer questions about how people offer and accept help.

(1) 불을 끄다

(2) 옷을 걸다

(3) 책을 찾다

(4) 사진을 찍다

(5) 창문을 닫다

(6) 아이스크림을 사다

A 불을 꺼 줄까요?

B 네. 좀 꺼 주세요.

4 친구나 가족의 생일에 해 준 일에 대해 친구들과 묻고 대답해 보세요. 그리고 친구들의 대답을 써 보세요.

Ask your classmates about what they did for their friend's or family member's birthdays. Then write their answers in the chart.

A 샤니 씨, 친구 생일에 뭐 해 줬어요?

B 친구에게 선물을 사 줬어요.

A 부모님 생신에는 뭐 해 드렸어요?

B 어머니께 케이크를 만들어 드렸어요.

이름	친구나 가족 생일에 무엇을 해 줬어요?
샤니	친구에게 선물을 사 줬어요. 그리고 어머니께 케이크를 만들어 드렸어요.

읽고 말하기 Reading and speaking

1 다음 사진을 보세요. 이곳이 어디인지, 무엇을 할 수 있는지 말해 보세요.
Look at the picture. Where do you think this place is? What can you do here?

세탁과 건조를 한 번에!
24시간 이화빨래방

ⓐ

이화빨래방에는 세탁기와 건조기가 모두 있어서 세탁에서 건조까지 1시간이면 됩니다. 세탁기가 커서 옷, 이불 빨래 등을 한 번에 할 수 있습니다. 그리고 운동화 세탁기도 있어서 운동화도 세탁할 수 있습니다. 세탁기와 건조기를 매일 청소해서 깨끗합니다.

이화빨래방은 24시간 이용할 수 있습니다. 회원에게는 10% 할인을 해 드립니다. 그리고 수요일에는 5%가 더 할인됩니다. 또 세탁 세제도 무료입니다.

이화빨래방에서는 무료로 커피를 마실 수 있습니다. 또 책도 많이 있고 무료 와이파이(Wi-Fi)가 있어서 인터넷도 할 수 있습니다. 빨래방은 이대역 1번 출구 근처에 있고 주차도 가능합니다.

2 위의 글은 빨래방을 광고하는 글이에요. 읽고 답해 보세요.
The passage above is an advertisement of a laundromat. Read and answer the questions.

(1) 읽은 내용과 같으면 ○, 다르면 ×로 표시해 보세요. Mark ○ if it is true, × if it is false.

① 세탁기가 커서 이불 빨래도 세탁할 수 있습니다. (   )

② 수요일에는 세탁기와 건조기를 청소해서 쉽니다. (   )

③ 회원 가입을 안 하면 빨래방을 이용할 수 없습니다. (   )

(2) ⓐ에 들어갈 사진으로 맞지 않는 것을 골라 보세요. Choose the picture that is inappropriate for ⓐ.

① 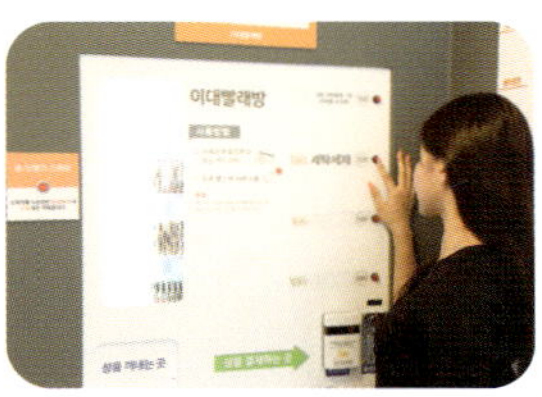

② 

③ 

3 역할극을 해 보세요.

Do a roleplay.

(1) 미용실에서 미용사와 리카가 헤어스타일에 대해 이야기하고 있어요. 여러분이 미용사와 리카가 되어 대화해 보세요. A hairdresser and Rika are talking about hairstyles at a hair shop. Roleplay as the hairdresser and Rika.

미용사

머리를 어떻게 하고 싶은지, 얼마나 자르고 싶은지 물어보세요.

Ask Rika what she wants to do with her hair and how much she wants to cut.

리카

원하는 헤어스타일에 대해 미용사의 질문에 대답해 보세요.

Answer the hairdresser's question about the hairstyle you want.

예약하고 오셨어요? → 머리는 어떻게 해 드릴까요? → 머리는 얼마나 잘라 드릴까요?

기능 표현 원하는 헤어스타일 요청하기 Requesting a desired hairstyle

머리를 좀 잘라 주세요. /
머리를 좀 잘라 주시겠어요?

미용사 어서 오세요. 예약하고 오셨어요?
리카 네. 오늘 3시로 예약했어요.
미용사 3시요? 아, 사토 리카 씨예요? (잠시 후) 이쪽으로 오세요. 머리는 어떻게 해 드릴까요?
리카 머리를 좀 잘라 주세요. 그리고 까만색으로 염색해 주세요.
미용사 머리는 얼마나 잘라 드릴까요?
리카 머리끝만 조금 잘라 주세요. 머리끝이 많이 상해서요.
미용사 네. 알겠어요.

(2) 미용실에서 여러분이 원하는 헤어스타일에 대해 대화해 보세요.
Have a conversation with the hairstylist discussing the hairstyle you want.

3 늦게 자게 돼요
I end up go to bed late

문법 Grammar

1 다음을 읽어 보세요. 이 사람은 무엇이 달라졌어요?
Read the following. What has changed about this person?

저는 6개월 전에 한국어를 배우러 왔습니다. 처음에는 버스 노선을 잘 몰라서 버스를 타는 것이 어려웠습니다. 그런데 지금은 버스를 잘 타게 됐습니다.

V-게 되다

A 지유 씨, 또 과자를 먹어요?
B 네. 맛있어서 자꾸 먹게 돼요.

A 다니엘 씨, 한국어를 정말 잘해요.
B 네. 열심히 공부해서 잘하게 됐어요.

A 내일 같이 만날 수 있어요?
B 미안해요. 못 만나요. 출장을 가게 됐어요.

A 어떻게 이 노래를 알아요?
B 한국 친구가 있어서 알게 됐어요.

'-게 되다'는 동사에 붙어 어떤 상황이 외부의 영향을 받아 어떠한 결과에 이르거나 상황이나 상태가 변화함을 나타낸다.
-게 되다 is attached to a verb to indicate a situation where external influences lead to a certain result, or where a situation or state undergoes a change.

2 질문에 알맞은 대답을 찾아 써 보세요. 그리고 맞는지 들어 보세요.
Match the questions and answers. Then listen to check your answers.

19

(1) 동생이 서울에 와요? ⓓ
(2) 이 드라마 재미있어요? ______
(3) 왜 운동선수를 그만뒀어요? ______
(4) 샤니 씨, 또 이 노래를 들어요? ______
(5) 어떻게 한국어를 배우게 됐어요? ______

ⓐ 네. 그래서 계속 보게 돼요.
ⓑ 다리를 다쳐서 그만두게 됐어요.
ⓒ 네. 멜로디가 좋아서 자꾸 듣게 돼요.
ⓓ 네. 다음 학기부터 한국에서 공부하게 됐어요.
ⓔ 한국 친구가 많아서 한국어에 관심을 가지게 됐어요.

3 다음을 보고 '-게 되다'를 사용해서 빈칸에 써 보세요.

Look at the following pictures and write in the blanks using –게 되다.

(1)

A 어떻게 남자 친구와 사귀게 됐어요?

B 한국 친구가 소개해 줬어요.

(2)

A 영화배우 김민호를 좋아해요?

B 네. 한국 영화를 보고 ____________.

(3)

A 한국 음식은 잘 드세요?

B 처음에는 매워서 못 먹었어요.

그런데 지금은 잘 ____________.

(4)

A 다니엘 씨는 매일 식당에서 밥을 먹어요?

B 네. 요리를 못해서 집에서 요리를

____________________.

(5)

A 리카 씨, 또 낮잠을 자요?

B 네. 점심만 먹으면 졸려서 낮잠을

____________________.

4 한국에 와서 달라진 점에 대해 친구들과 묻고 대답해 보세요. 그리고 친구들의 대답을 써 보세요.

Ask your classmates the changes they experienced since coming to Korea. Then write their answers in the chart.

샤오동 씨는 1년 전과 비교하면
뭐가 달라졌어요?

몸이 안 좋아서 운동하게 됐어요.
그리고 콜라를 안 마시게 됐어요.

이름	1년 전과 비교하면 뭐가 달라졌어요?
샤오동	몸이 안 좋아서 운동하게 됐어요. 그리고 콜라를 안 마시게 됐어요.

듣고 말하기 Listening and speaking

1 **다음은 사람들의 생활 습관이에요. 어떤 생활 습관을 가지고 있는지 말해 보세요.**

Look at the pictures. Talk about the lifestyle habits these people have.

2 **리카와 샤오동의 대화예요. 잘 듣고 물음에 답해 보세요.**

Listen to the conversation between Rika and Xiaodong and answer the questions.

20

(1) 샤오동은 왜 커피를 많이 마셔요?

Why does Xiaodong drink coffee a lot?

____

(2) 리카가 추천한 방법은 무엇인지 골라 보세요.

Choose Rika's advice.

① 샤워를 해요.

② 운동을 해요.

③ 차를 마셔요.

(3) 샤오동에 대해 들은 내용과 같으면 ◯, 다르면 ×로 표시해 보세요.

Mark ◯ if it is true, × if it is false.

① 새벽 2시까지 잠을 못 자요. (　　)

② 수업 시간에 자주 지각을 해요. (　　)

③ 두통이 생겨서 힘들어요. (　　)

3 여러분이 바꾸고 싶은 습관과 바꾸는 방법에 대해 이야기해 보세요.

Talk about the habit you want to change and how it can be done.

(1) 여러분이 바꾸고 싶은 습관에 대해 써 보세요.
Write about the habit you want to change.

이름	어떤 습관을 바꾸고 싶어요?	왜 바꾸고 싶어요?
타나펀	요리를 못해서 인스턴트 음식만 먹게 돼요.	인스턴트 음식이 몸에 안 좋아서 바꾸고 싶어요.
나		
친구 1 ________		
친구 2 ________		

(2) 친구들이 바꾸고 싶은 습관에 대해 물어보고 친구들의 대답을 위의 표에 써 보세요.
Ask your classmates about the habit they want to change and write their answers in the chart above.

A 어떤 습관을 바꾸고 싶어요?
B 요리를 못해서 인스턴트 음식만 먹게 돼요.
A 왜 바꾸고 싶어요?
B 인스턴트 음식은 몸에 안 좋아서 바꾸고 싶어요.

(3) 3~4명씩 모이세요. 팀에서 바꾸고 싶은 습관을 하나 정하세요. 그리고 그 습관을 바꾸는 방법에 대해 이야기하고 가장 좋은 방법 세 가지를 써 보세요. Gather in groups of three to four people. Choose a habit you want to change within your group. Then discuss how to change that habit and write down the three best ways.

어떤 습관을 바꾸고 싶어요?

어떻게 하면 그 습관을 바꿀 수 있어요?

이 습관을 꼭 바꾸고 싶어요!

생활 습관: ________
*
*
*

(4) 팀에서 이야기한 바꾸고 싶은 습관과 바꾸는 방법에 대해 발표해 보세요.
Present the habit your group discussed changing and how you plan to make that change.

우리는 이 습관을 꼭 바꾸고 싶습니다. 바로 인스턴트 음식을 먹는 것입니다. 그래서 세 가지 방법을 생각했습니다. 먼저 집에서 요리를 하는 것입니다.…… 감사합니다.

읽고 쓰기 Reading and writing

1 다음 그림을 보세요. 전화로 어떤 도움을 받고 있는지 말해 보세요.
Look at the pictures. Talk about what kind of assistance this person is receiving over the phone.

120 다산콜센터를 소개합니다!

여러분은 서울 생활이 어떻습니까? 불편하지 않습니까? 저는 오늘 여러분에게 '120 다산콜센터'를 소개하겠습니다.

저는 6개월 전에 서울에 왔습니다. (Ⓐ) 어느 날, 서울에 축제가 있어서 가고 싶었습니다. 그런데 축제 정보를 찾을 수 없었습니다. 그때 친구가 말해 줘서 '120 다산콜센터'를 알게 됐습니다. 그래서 축제 시간, 장소 등을 모두 알 수 있었습니다.

120에 전화하면 교통과 문화 정보도 알 수 있습니다. (Ⓑ) 전화와 문자로 물어볼 수 있습니다. 한국어 상담은 24시간이고 외국어 상담은 9시부터 6시까지입니다. (Ⓒ)

여러분도 서울의 생활 정보를 알고 싶으면 '120 다산콜센터'를 이용해 보세요. 서울 생활을 더 즐길 수 있을 겁니다.

2 위의 글은 유용한 생활 정보에 대한 내용이에요. 읽고 답해 보세요.
The passage above contains useful information for life in Korea. Read and answer the questions.

(1) '120 다산콜센터'를 잘못 이용한 사람을 골라 보세요. Choose the person who misused the '120 Dasan Call Center'.

① 샤니는 길을 잘 몰라서 120에 문자를 보냈습니다.

② 지유는 미술관 시간을 알고 싶어서 120에 전화했습니다.

③ 리카는 일본어로 상담을 하려고 밤 8시에 120에 전화했습니다.

(2) 읽은 내용과 같으면 ◯, 다르면 ×로 표시해 보세요.
Mark ◯ if it's true, × if it's false.

① 친구가 '120 다산콜센터'를 가르쳐 줬습니다. (　　)

② '120 다산콜센터'는 전화로만 상담이 가능합니다. (　　)

(3) 다음 문장이 들어갈 알맞은 곳을 골라 보세요.
Choose the appropriate place for the following sentence.

영어, 일본어, 중국어 등으로 상담을 할 수 있어서 외국인들이 자주 이용합니다.

① Ⓐ　　② Ⓑ　　③ Ⓒ

3 여러분이 유용한 생활 정보를 얻는 곳을 소개하는 글을 써 보세요.

Write a passage introducing a place where you can obtain useful information for daily life.

(1) 다음 질문을 보고 메모해 보세요.
Write a note about the following questions.

무엇을 소개하고 싶습니까?

어떻게 알게 되었습니까?

언제 이용했습니까?

그밖에 어떤 정보를 알 수 있습니까?

(2) 위의 메모를 바탕으로 유용한 생활 정보를 얻는 곳을 소개하는 글을 써 보세요.
Based on the notes above, write a passage introducing a place where you can obtain useful information for daily life.

문화 Culture | 우리 Our

준비하기

- 다음은 한국 사람들의 모습이에요. 한국 사람들은 왜 이렇게 말할까요?
  A Korean woman is introducing her husband to someone else. Have you ever wondered why Koreans use such expressions?

알아보기

- 한국인은 '우리'라는 표현을 자주 사용해요. 여기에서 '우리'는 어떤 공동체에 속한 사람들을 의미해요. 학교가 같거나 같은 고향에서 태어난 사람들처럼 하나로 묶인 공동체를 중요하게 생각할 때가 많아요. 그래서 한국인의 '우리'는 '우리 집', '우리 가족', '우리 학교', '우리 고향', '우리나라'처럼 집에서 출발해 사회 거의 모든 곳에 적용돼요.
  Koreans often use the expression 우리 which refers to people belonging to a community. This community can be formed by people who share the same school or those who were born in the same hometown. Because Koreans often place great importance on a sense of community and unity, 우리 is applied to almost every aspect of society, starting from 'our home', 'our family', 'our school', 'our hometown', and 'our country.'

생각해 보기

- 한국 사람들이 '우리'라는 말을 언제 사용하는지 이야기해 보세요.
  Talk about when Koreans use the expression 우리.
- 여러분 나라에도 '우리'처럼 여러분 나라만의 가치관을 보여 주는 단어가 있는지 이야기해 보세요.
  Talk about whether your language has expressions that reflect your country's values like 우리 in Korean.

어휘와 표현 확인
Vocabulary and expressions check

의미를 아는 어휘나 표현에 ✓표 해 보세요.
Check(✓) the vocabulary or expressions that you know.

1 어머니께서 운동을 좋아하세요

- □ 할아버지 grandfather
- □ 할머니 grandmother
- □ 외할아버지 grandfather-in-law
- □ 외할머니 grandmother-in-law
- □ 삼촌 uncle
- □ 이모 aunt
- □ 주무시다 to sleep (honorific)
- □ 말씀하다 to speak (honorific)
- □ 물을 드리다 to give water (honorific)
- □ 방에 계시다 to be in one's room (honorific)
- □ 커피를 드시다 to drink coffee (honorific)
- □ 아침을 잡수시다 to have breakfast (honorific)
- □ 부장님 manager (honorific)
- □ 저희 our (polite)
- □ 소식 news
- □ 키 height
- □ 부모님 parents
- □ 생신 birthday (honorific)
- □ 댁 house (honorific)
- □ 연세 age (honorific)
- □ 동호회 club
- □ 닮다 to resemble
- □ 고등학교 high school
- □ 존경하다 to respect
- □ 인상이 좋다 to have a good impression
- □ 이분 this person (honorific)
- □ 젊다 to be young

2 머리를 잘라 주세요

- □ 빨래방 laundromat
- □ 동전을 넣다 to insert coin
- □ 빨래를 꺼내다 to take out the laundry
- □ 세탁기를 돌리다 to run the washing machine
- □ 건조기에서 빨래를 말리다 to put laundry in a dryer
- □ 염색하다 to dye / color (one's hair)
- □ 파마하다 to perm (one's hair)
- □ 드라이하다 to dry (one's hair)
- □ 머리를 자르다 to cut one's hair
- □ 세탁하다 to wash clothes
- □ 짐을 들다 to carry luggage
- □ 천천히 slowly
- □ 알리다 to inform
- □ 불을 끄다 to put out fire
- □ 옷을 걸다 to hang clothes
- □ 건조 drying
- □ 할인되다 to get a discount
- □ 세제 detergent
- □ 가능하다 to be possible
- □ 이쪽 this way
- □ 머리끝이 상하다 one's hair is damaged

3 늦게 자게 돼요

- □ 자꾸 again and again
- □ 출장 business trip
- □ 다치다 to get hurt
- □ 멜로디 melody
- □ 관심을 가지다 to have an interest in
- □ 졸리다 to be sleepy
- □ 비교하다 to compare
- □ 달라지다 to become different
- □ 지각 tardy
- □ 늦게 late
- □ 입맛 taste
- □ 인스턴트 instant
- □ 습관 habit
- □ 문자 text
- □ 외국어 foreign language
- □ 상담 counseling
- □ 즐기다 to enjoy

3 단원 Unit

주거 환경
Living environment

1 어떤 집에서 살고 싶어요?
What kind of house do you want to live in?

▫ 집, 주거 환경
Vocabulary and expressions: Houses, Living environment

▫ A-은/ㄴ
Grammar: A-은/ㄴ

▫ 살고 있는 집에 대해 듣고 말하기
Listening and speaking about the house you live in

* 유음화 ①
Pronunciation: Lateralization ①

2 다른 집보다 좀 비싸요
It is a little more expensive than other houses

▫ 이사
Vocabulary and expressions: Moving

▫ N보다
Grammar: N보다

▫ 살고 싶은 집에 대해 읽고 말하기
Reading and speaking about the house you want to live in

3 어려운 일이 있을 때 잘 도와줘요
She helps me a lot when I have difficulties

▫ A/V-을 때/ㄹ 때
Grammar: A/V-을 때/ㄹ 때

▫ 룸메이트에 대해 듣고 말하기
Listening and speaking about roommates

▫ 동네에 대한 글 읽고 쓰기
Reading and writing about the neighborhood

문화 | 집과 온돌
Culture: Korean houses and Ondol

1

2

3

다음 표현에 알맞은 사진을 찾아서 번호를 써 보세요.

Match the expressions with the pictures and write the number in the box.

☐ 집을 구하고 있어요.

☐ 거실이 넓어요.

☐ 우리 동네는 살기 편해요.

1 어떤 집에서 살고 싶어요?

What kind of house do you want to live in?

어휘와 표현 Vocabulary and expressions

1 **다음은 집의 유형과 주거 환경이에요. 표현을 소리 내서 읽어 보세요.**
The pictures illustrate different types of houses and living environments. Read the expressions aloud.

① 원룸 □

② 빌라 □

③ 주택 □

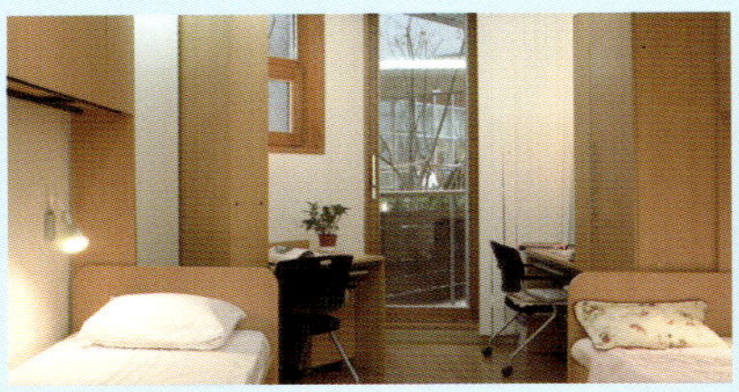

④ 기숙사 □

⑤ 아파트 □

⑥ 오피스텔 □

⑦ 방이 넓다 □

⑧ 시설이 좋다 □

⑨ 햇빛이 잘 들어오다 □

⑩ 교통이 편리하다 □

⑪ 주변이 조용하다 □

⑫ 근처에 편의 시설이 많다 □

2 **위에서 여러분이 지금 살고 있는 집의 유형과 주거 환경을 골라 ✓표 해 보세요. 그리고 여러분이 살고 있는 집에 대해 친구들과 묻고 대답해 보세요.** Choose the type of house and environment you are living in and check(✓) the box. Then ask and answer questions about them.

지금 어떤 집에서 살고 있어요?

저는 원룸에서 살고 있어요. 방이 넓고 교통이 편리해서 좋아요.

문법 Grammar

1 대화를 듣고 다음 질문에 알맞은 답을 골라 보세요.

Listen to the conversations. Then choose the correct answer to each question.

21

(1) 어제 뭘 샀어요?

①

②

(2) 지금 어디에서 살아요?

① ②
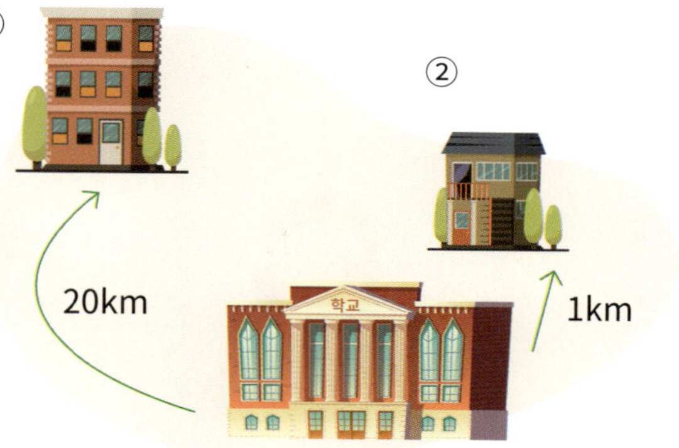

A-은/ㄴ

A 어떤 집에서 살고 싶어요?
B 마당이 넓**은** 집에서 살고 싶어요.

A 이 치마는 어떠세요?
B 좀 짧아요. 더 긴 치마는 없어요?

A 리카 씨 어떤 계절을 좋아해요?
B 저는 따뜻**한** 봄을 좋아해요.

A 오늘 백화점에서 뭘 살 거예요?
B 멋있**는** 양복을 하나 사려고 해요. 친구 결혼식이 있어서요.

'-은/ㄴ'은 형용사에 붙어 뒤에 오는 명사를 수식하고 명사의 특징이나 상태를 나타낼 때 사용한다. '있다, 없다'는 '-는'을 쓴다. -은/ㄴ is attached to an adjective and modifies a following noun to indicate its present state or characteristics. For 있다, 없다, -는 is used.

받침 ○ + 은

받침 ×, ㄹ + ㄴ

2 질문에 알맞은 대답을 찾아 써 보세요. 그리고 맞는지 들어 보세요.

Match the questions and answers. Then listen to check your answers.

22

(1) 어떤 영화를 좋아해요? ⓑ
(2) 그 가게에 왜 자주 가요? ______
(3) 레아 씨, 저녁에 뭘 먹을까요? ______
(4) 편하고 가벼운 신발이 있어요? ______
(5) 한국에서 제일 높은 산은 어디예요? ______

ⓐ 제일 높은 산은 한라산이에요.
ⓑ 저는 재미있는 영화를 좋아해요.
ⓒ 맵지 않은 음식이면 다 괜찮아요.
ⓓ 싸고 예쁜 옷이 많아서 자주 가요.
ⓔ 네. 이 신발은 어떠세요? 정말 가볍고 편해요.

3 사람들이 어떤 것을 좋아하는지에 대해 말해 보세요.
Ask and answer questions about what the people like.

(1) 자동차

(2) 과일

(3) 머리

(4) 색

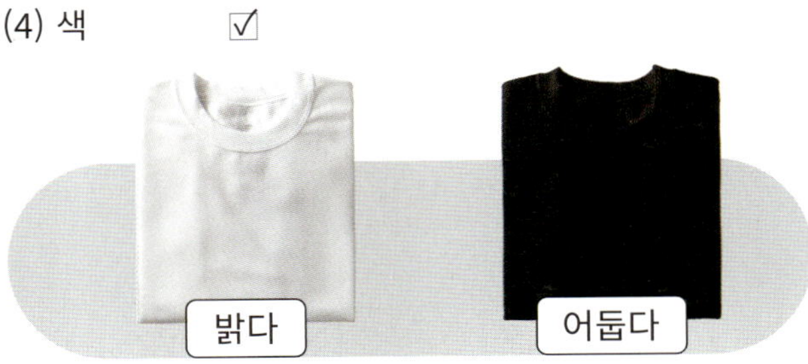

(5) 음료수

(6) 사람

A 큰 자동차를 좋아해요? 작은 자동차를 좋아해요?
B 작은 자동차를 좋아해요.

4 **어떤 옷을 좋아하는지, 어떤 영화를 좋아하는지, 어떤 계절을 좋아하는지 친구와 묻고 대답해 보세요. 그리고 묻고 답한 내용을 써 보세요.** Ask your partner about his/her favorite clothing, movie and season. Then write your questions and his/her answers in the chart.

A 올가 씨, 어떤 옷을 좋아해요?
B 저는 예쁘고 편한 바지를 좋아해요.

질문	대답
어떤 옷을 좋아해요?	예쁘고 편한 바지를 좋아해요.
어떤 영화를 좋아해요?	
어떤 계절을 좋아해요?	

듣고 말하기 Listening and speaking

1 **다음은 친구들이 살고 있는 집이에요. 주거 환경이 어떤지 말해 보세요.**
Look at the pictures. Talk about the type of residence and living environment.

2 **다니엘과 상진의 대화예요. 잘 듣고 물음에 답해 보세요.**
Listen to the conversation between Daniel and Sangjin and answer the questions.

(1) 상진이 살고 있는 집에 대해 맞는 것을 골라 보세요. 23
Choose the correct information about Sangjin's house.

① 회사에서 가까워요.
② 집이 아주 커요.
③ 관리비는 사계절이 같아요.

(2) 상진은 왜 이 집이 좋아요?
Why does Sangjin like this house?

____

3 **리카와 제이슨의 대화예요. 잘 듣고 물음에 답해 보세요.** 24
Listen to the conversation between Rika and Jason and answer the questions.

(1) 리카가 찾고 있는 집으로 맞는 것을 골라 보세요.
Choose the house that Rika is looking for.

① 시설이 좋은 원룸　　② 넓고 조용한 아파트　　③ 학교에서 가까운 오피스텔

(2) 제이슨의 집에 대해 들은 내용과 같으면 ○, 다르면 ×로 표시해 보세요.
Mark ○ if it is true about Jason's house, × if it is false.

① 집이 신촌에 있어요. (　　)
② 집 근처에 편의 시설이 많아요. (　　)
③ 친구 소개로 집을 찾았어요. (　　)

4 다음과 같이 살고 있는 집에 대해 대화해 보세요.

Practice this conversation about the house you live in by using the words provided below.

브루나 샤니 씨, 지금 어디에서 살아요?

샤니 학교 기숙사에서 살아요.

브루나 그래요? 학교 기숙사는 어때요?

샤니 깨끗하고 안전해서 좋아요.

브루나 그럼 불편한 건 없어요?

샤니 음식을 만들 수 없고 방이 좁아서 불편해요. 그래서 음식을 만들 수 있고 방이 넓은 곳으로 이사하고 싶어요.

(1) 학교 기숙사	(2) 학교 근처 오피스텔	(3) 신촌에 있는 원룸	(4)
깨끗하고	햇빛이 잘 들어오고	교통이 편리하고	
안전하다	방이 넓다	편의 시설이 많다	
음식을 만들 수 없고	근처에 마트가 없고	관리비가 비싸고	
방이 좁다	지하철역이 멀다	시끄럽다	
음식을 만들 수 있고	근처에 마트가 있고	관리비가 싸고	
방이 넓다	지하철역이 가깝다	조용하다	

발음 Pronunciation

1. 잘 듣고 맞는 것에 ✓표 해 보세요.

Listen carefully and check(✓) the box with the correct answer.

25

(1) 편리 [□ 편리, □ 펼리]

(2) 관리비 [□ 괄리비, □ 관리비]

(3) 연락 [□ 열락, □ 연락]

(4) 한라산 [□ 한라산, □ 할라산]

유음화 ① Lateralization ①

받침 'ㄴ'은 'ㄹ' 앞에서 [ㄹ]로 발음한다.

The final consonant ㄴ is pronounced as [ㄹ] before ㄹ.

관람 [괄람] 신라 [실라] 전라도 [절라도]

2. 잘 듣고 따라 해 보세요.

Listen carefully and repeat the following sentences.

26

(1) 신랑이 아주 멋있어요.

(2) 난로를 켜서 따뜻해요.

(3) 지금 진료를 받을 수 있어요?

(4) 약속을 바꾸면 곤란해요.

2 다른 집보다 좀 비싸요
It is a little more expensive than other houses

어휘와 표현 Vocabulary and expressions

1 **다음은 이사할 집을 구하는 모습이에요. 표현을 소리 내서 읽어 보세요.**
The pictures illustrate the process of searching for a house. Read the expressions aloud.

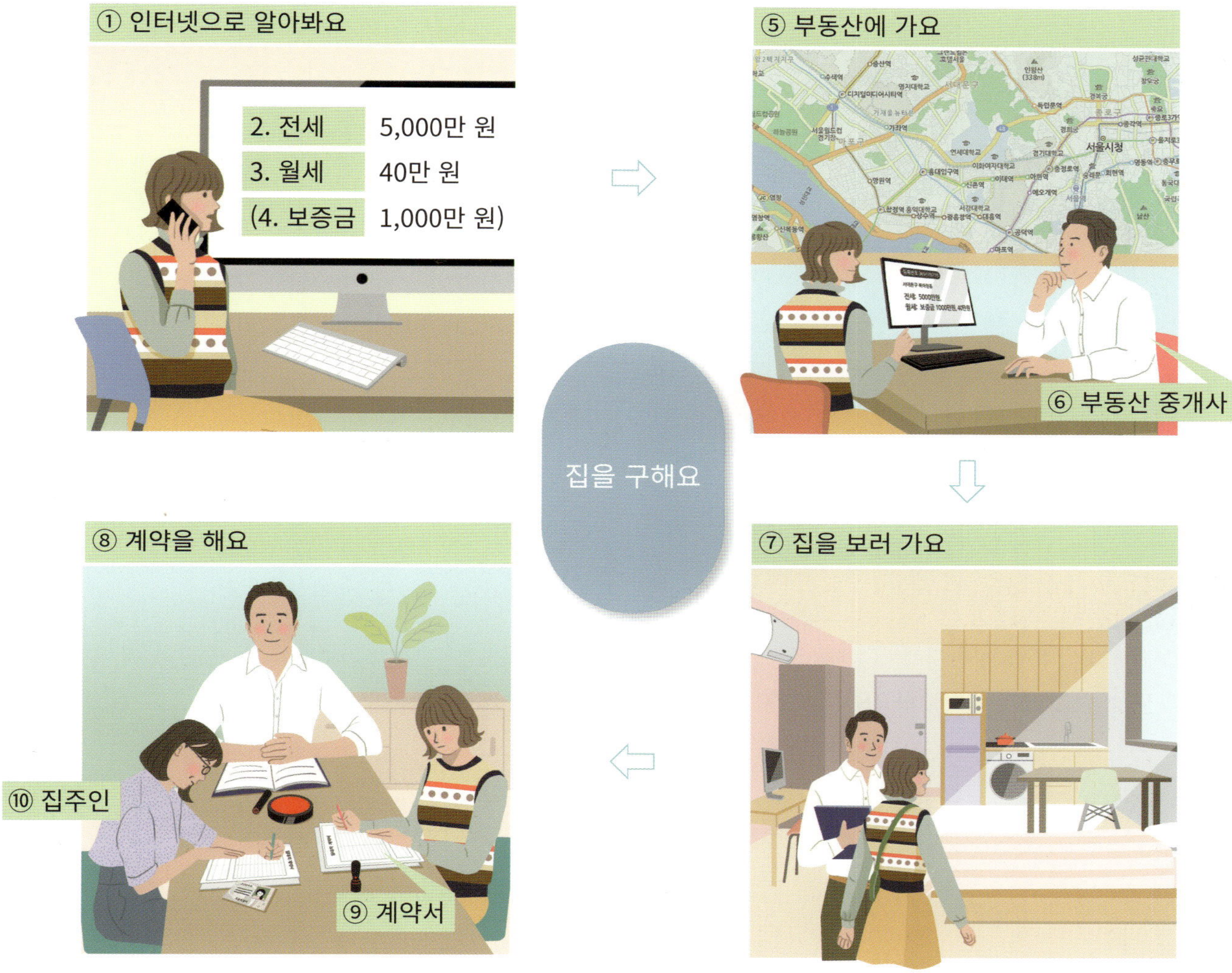

2 **위의 그림을 보면서 리카가 어떻게 집을 구했는지 친구와 묻고 대답해 보세요.**
Look at the pictures above. Ask and answer questions about how Rika got her house.

리카는 집을 어떻게 구했어요?

먼저 인터넷으로 알아봤어요. 괜찮은 집이 있어서 부동산에 연락했어요. 그리고 ……

문법 Grammar

1 다음을 듣고 대화를 읽어 보세요. 버스 정류장과 지하철역 중에서 어디가 더 이 집에서 가까워요?
Listen and read the conversation. Which is closer to this house, bus stop or the subway station? 27

N보다

A 학교 기숙사가 싸요? 원룸이 싸요?
B 학교 기숙사가 원룸보다 더 싸요.

A 산과 바다 중에서 어디에 갈까요?
B 산에 가요. 저는 바다보다 산을 좋아해요.

A 제이슨 씨, 축구보다 농구를 잘해요?
B 아니요. 저는 축구를 더 잘해요.

A 사이즈가 좀 커요. 이거보다 작은 게 있어요?
B 네. 있어요. 잠깐만 기다려 주세요.

'보다'는 명사에 붙어 앞의 말이 비교의 기준이 되는 대상임을 나타낼 때 사용한다.
보다 is attached to a noun to indicate that the noun serves as the basis for comparison.

2 질문에 알맞은 대답을 찾아 써 보세요. 그리고 맞는지 들어 보세요.
Match the questions and answers. Then listen to check your answers. 28

(1) 시간이 늦었어요. 택시를 탈까요? ⓒ
(2) 주말에 뭐 할까요? 영화를 볼까요? ______
(3) 타나펀 씨, 여름에 태국은 한국보다 더워요? ______
(4) 말하기와 듣기 중에서 어떤 게 더 어려워요? ______
(5) 샤니 씨, 취미가 뭐예요? 운동하는 거 좋아해요? ______

ⓐ 네. 한국보다 훨씬 더워요.
ⓑ 말하기가 듣기보다 더 어려워요.
ⓒ 아니요. 지금은 택시보다 지하철이 빨라요.
ⓓ 아니요. 운동하는 것보다 보는 걸 좋아해요.
ⓔ 저는 영화보다 연극을 보고 싶어요. 연극을 봐요.

3 두 가지를 비교해서 말해 보세요.

Ask and answer questions by comparing two things.

(1) 많다

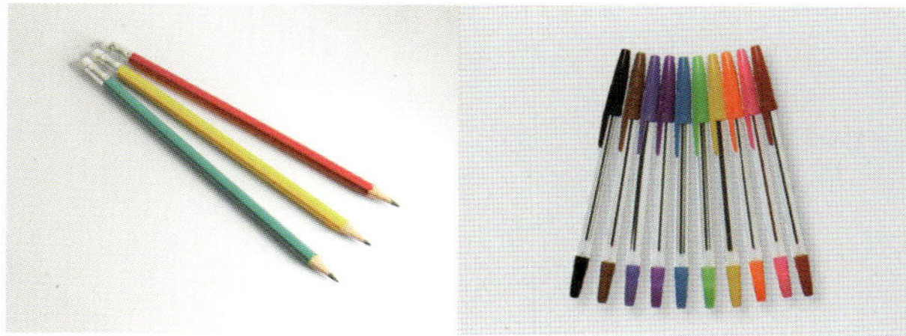

(2) 크다

(3) 높다

(4) 잘 타다

(5) 잘하다

(6) 자주 먹다

A 연필이 많아요? 볼펜이 많아요?

B 볼펜이 연필보다 더 많아요.

4 더 좋아하는 것에 대해 친구와 묻고 대답해 보세요. 그리고 묻고 답한 내용을 써 보세요.

Ask your partner about what he/she prefers. Then write your questions and his/her answers in the chart.

A 제이슨 씨, 커피와 주스 중에서 뭘 더 좋아해요?

B 주스보다 커피를 더 좋아해요.

질문	대답
커피와 주스 중에서 뭘 더 좋아해요?	주스보다 커피를 더 좋아해요.
영화와 드라마 중에서 뭘 더 좋아해요?	
라면과 떡볶이 중에서 뭘 더 좋아해요?	

읽고 말하기 Reading and speaking

1 **다음 사진을 보세요. 타나펀의 집에 대해 말해 보세요.**
Look at the picture. How is Thanaporn's house?

태국에 있는 우리 집

우리 집은 태국에 있습니다. 집 뒤에 산이 있고 집 근처에 작은 호수가 있습니다. 저는 아침마다 호숫가를 산책합니다.

우리 집은 이층집입니다. 집 앞에는 정원이 있습니다. 정원에는 나무와 꽃이 많습니다. 집 옆에는 수영장이 있습니다. 1층에는 넓은 거실이 있습니다. 거실에는 큰 창문이 있어서 정원을 볼 수 있습니다. 2층에는 방이 많아서 친구들이 태국에 놀러 오면 우리 집에서 같이 지낼 수 있습니다. 지하 1층에는 노래방과 작은 영화관이 있습니다. 동네에 우리 집보다 더 멋진 집은 없습니다.

우리 집이 어떻습니까? 사실은 우리 집이 아닙니다. 내가 살고 싶은 미래의 우리 집입니다.

2 **위의 글은 타나펀이 살고 싶은 집에 대한 내용이에요. 읽고 답해 보세요.**
The passage above is about the house that Thanaporn wants to live in. Read and answer the questions.

(1) 집에 대한 설명으로 맞지 않는 것을 골라 보세요.
Choose the true statement about the house.

① 집 근처에 호수가 있습니다.
② 집 앞에 정원과 수영장이 있습니다.
③ 1층 거실에 있는 창문이 큽니다.

(2) 읽은 내용과 같으면 ○, 다르면 ×로 표시해 보세요.
Mark ○ if it is true, × if it is false.

① 타나펀은 매일 아침 호수에 갑니다. ( )
② 친구들이 2층에서 살고 있습니다. ( )
③ 노래방과 영화관이 집에서 가깝습니다. ( )

더 알아보기

N마다
명사에 붙어 각 상황이 반복됨을 나타내거나 하나도 빠짐없이 모두 비슷한 상황에 있음을 나타낼 때 사용된다.
마다 is attached to a noun to indicate that each situation is repeated or that all situations are similar without exception.

예) 이화마트는 월요일마다 쉬어요.
컴퓨터가 교실마다 있어요.

3 역할극을 해 보세요.

Do a roleplay.

(1) 리카와 부동산 중개사가 집에 대해 이야기하고 있어요. 여러분이 리카와 부동산 중개사가 되어 대화해 보세요.

Rika and a real estate agent are talking about a house. Roleplay as Rika and the real estate agent.

리카

어떤 집을 찾는지 말하고, 추천 받은 집의 집세가 얼마인지, 그 집을 볼 수 있는지 물어보세요.

Tell the agent the type of house you are looking for, ask about the rental price of the recommended house, and inquire if it is possible to show you the house.

부동산 중개사

추천하는 집에 대한 리카의 질문에 대답해 보세요.

Answer Rika's questions about the house you recommend.

좋은 집이 있어요? → 집세는 어떻게 돼요? → 지금 집을 보러 갈 수 있어요?

기능 표현 집값에 대해 묻고 답하기 Asking and answering about house prices

A 집세는 어떻게 돼요? / 방값은 얼마 정도예요?

B 전세는 6,000만 원이에요. / 월세는 보증금 1,000만 원에 60만 원이에요.

중개사 어서 오세요. 어떻게 오셨어요?

리카 학교에서 가까운 원룸을 구하고 있어요. 좋은 집이 있어요?

중개사 네. 좋은 게 하나 있어요. 시설이 깨끗하고 바로 옆에 큰 마트도 있어서 생활하기 편하실 거예요.

리카 집세는 어떻게 돼요?

중개사 월세는 보증금 1,000만 원에 60만 원이고, 전세는 6,000만 원이에요.

리카 저는 전세보다 월세가 좋아요. 혹시 지금 집을 보러 갈 수 있어요?

중개사 그럼요. 지금 같이 가 봐요.

(2) 부동산에서 여러분이 이사하고 싶은 집에 대해 대화해 보세요.

Have a conversation with a real estate agent discussing the house you want to move into.

3 어려운 일이 있을 때 잘 도와줘요
She helps me a lot when I encounter difficulties

문법 Grammar

1 **다음을 읽어 보세요. 샤니는 어떤 사람이에요?**
Read the following. What kind of person is Shani?

샤니는 제 기숙사 룸메이트입니다. 샤니는 착하고 친절합니다. 그리고 저에게 어려운 일이 있을 때 잘 도와줍니다. 저는 샤니가 정말 좋습니다.

A/V-을 때/ㄹ 때

A 보통 언제 스트레스를 받아요?
B 숙제가 많을 때 스트레스를 받아요.

A 사진을 찍을 때 하나, 둘, 셋 해 주세요.
B 네. 알겠습니다.

A 언제 가족이 보고 싶어요?
B 저는 아플 때 가족이 보고 싶어요.

A 그 친구를 어떻게 알게 됐어요?
B 기숙사에서 살 때 룸메이트였어요.

'-을 때/ㄹ 때'는 형용사와 동사에 붙어 어떤 행동이나 상황이 일어나는 순간이나 지속되는 동안을 나타낼 때 사용한다. 명사는 '명사 때'로 쓴다. -을 때/ㄹ 때 is attached to an adjective or a verb to indicate the moment or duration of an action or situation. With nouns, 'nouns + 때' is used.

받침 ○ + 을 때

받침 ×, ㄹ + ㄹ 때

2 **질문에 알맞은 대답을 찾아 써 보세요. 그리고 맞는지 들어 보세요.**
Match the questions and answers. Then listen to check your answers. 29

(1) 지금 밖에 비가 와요? ⓑ
(2) 시간이 있을 때 뭐 해요? ____
(3) 지유 씨, 무슨 일 있어요? ____
(4) 고향 음식이 먹고 싶을 때 어떻게 해요? ____
(5) 테니스를 정말 잘 쳐요. 언제 배웠어요? ____

ⓐ 시간이 있으면 영화를 봐요.
ⓑ 네. 외출할 때 우산을 가져가세요.
ⓒ 네. 학교에 올 때 지갑을 잃어버렸어요.
ⓓ 고향 친구들하고 먹고 싶은 음식을 만들어요.
ⓔ 고등학교 때 집 근처 스포츠 센터에서 배웠어요.

3 다음을 보고 '-을 때/ㄹ 때'를 사용해서 빈칸에 써 보세요.

Look at the following pictures and write in the blanks using -을 때/ㄹ 때.

(1) 

A 학교에 어떻게 가요?
B 학교에 갈 때 지하철을 타요.

(2) 

A 보통 언제 산책을 해요?
B 날씨가 ______ 산책을 해요.

(3) 

A 언제 기분이 좋아요?
B 선물을 ______ 기분이 좋아요.

(4) 

A 영화를 ______ 휴대 전화를 꺼야 돼요.
B 네. 알겠어요.

(5) 

A 언제 샤오동 씨가 전화했어요?
B 케이크를 ______ 전화했어요.

4 언제 스트레스를 받는지, 스트레스를 받을 때 무엇을 하는지 친구들과 묻고 대답해 보세요. 그리고 친구들의 대답을 써 보세요.

Ask your classmates when they experience stress and what they do when they are stressed. Then write their answers in the chart.

다니엘 씨, 언제 스트레스를 받아요?

바쁠 때 스트레스를 받아요.

그럼 스트레스를 받을 때 어떻게 해요?

재미있는 영화를 봐요.

이름	언제 스트레스를 받아요?	스트레스를 받을 때 어떻게 해요?
다니엘	바쁠 때 스트레스를 받아요.	재미있는 영화를 봐요.

듣고 말하기 Listening and speaking

1 다음은 같이 살 룸메이트를 찾는 글이에요. 어떤 룸메이트를 찾는지 말해 보세요.
Below is an advertisement looking for a roommate. Describe the characteristics of the roommate desired.

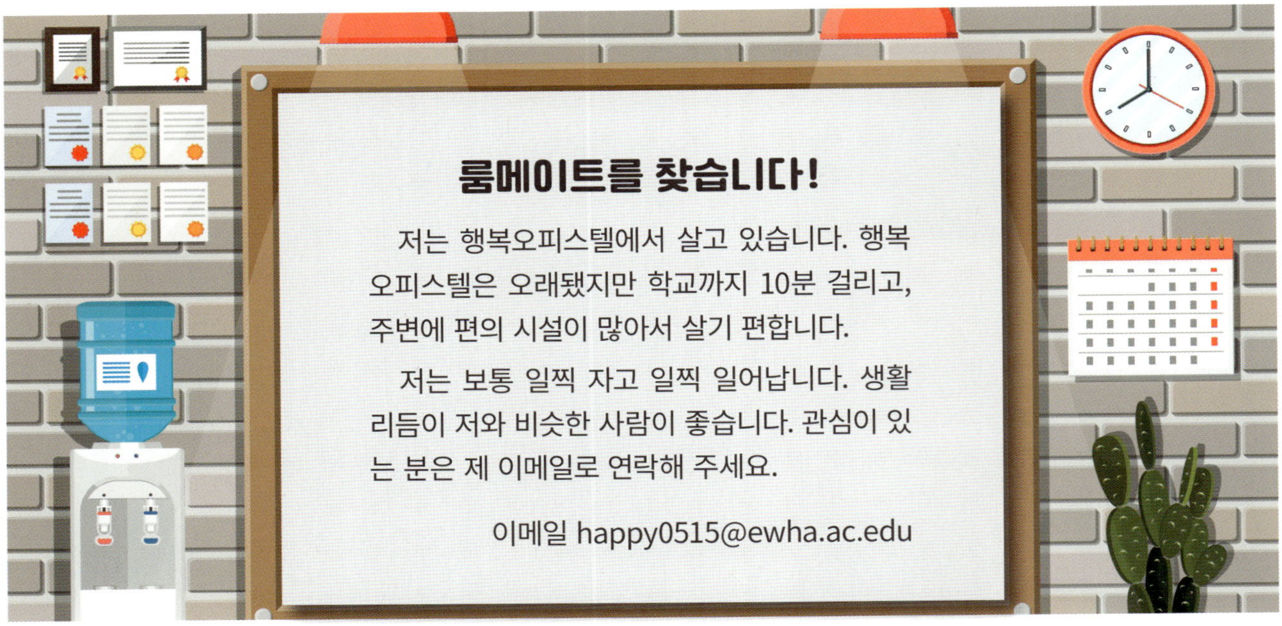

2 브루나와 지유의 대화예요. 잘 듣고 물음에 답해 보세요.
Listen to the conversation between Bruna and Jiyu and answer the questions.

30

(1) 지유와 룸메이트에 대해 맞는 것을 골라 보세요.
Choose the true statement about Jiyu and her roommate.

①

②

③

(2) 지유의 룸메이트에 대해 들은 내용과 같으면 ○, 다르면 ×로 표시해 보세요.
Mark ○ if it is true about Jiyu's roommate, × if it is false.

① 주말마다 지유하고 청소를 해요. ( )
② 새벽까지 컴퓨터 게임을 해요. ( )
③ 요즘 지유하고 자주 이야기해요. ( )

(3) 브루나는 지유에게 어떤 조언을 했어요? What advice did Bruna give to Jiyu?

3 여러분이 같이 살 룸메이트를 정해 보세요.

Choose a roommate to live with.

(1) 여러분이 어떤 룸메이트를 찾고 있는지 원하는 룸메이트의 조건을 써 보세요. Write down the qualities of the roommate you are looking for.

원하는 룸메이트의 조건	· 일찍 자고 일찍 일어나요	· 다른 사람이 힘들 때 잘 도와줘요.
	·	·
	·	·
	·	·

(2) 원하는 룸메이트의 조건에 대해 친구들과 서로 묻고 대답해 보세요. 그 사람과 룸메이트 조건이 몇 개 맞는지 ✓표 해 보세요. Talk about the qualities of your desired roommate with your classmates. Then check (✓) the number of qualities that match up with that person.

맞는 조건 / 이름	1~2개	3~4개	5~6개
타나펀			✓

A 타나펀 씨는 일찍 자고 일찍 일어나요?

B 네. 저는 보통 일찍 자고 일찍 일어나요.

(3) 룸메이트를 하고 싶은 두 사람씩 모여 보세요. 그리고 그 사람을 왜 룸메이트로 정했는지 발표해 보세요.
Pair up with the person you want to be roommates with. Then present why you have chosen that person as your roommate.

> 저는 타나펀하고 룸메이트를 하고 싶습니다. 타나펀은 아침에 일찍 일어나고 일찍 잡니다. 저와 생활 리듬이 비슷합니다. …… 우리는 좋은 룸메이트가 될 겁니다.

읽고 쓰기 Reading and writing

1 **다음 사진을 보세요. 브루나의 동네에 대해 말해 보세요.**
Look at the pictures. Talk about Bruna's neighborhood.

우리 동네

저는 학교 근처에 살고 있습니다. 동네 이름은 대현동입니다. 저는 이화여대에서 한국어를 배우고 있어서 작년 3월부터 이곳에서 살게 됐습니다.

우리 동네는 살기가 정말 편합니다. 백화점과 마트가 있고 맛있는 식당과 예쁜 카페가 많습니다. 저는 보통 카페에서 한국어 공부를 합니다. 카페에서 공부하면 어려운 쓰기 숙제도 잘됩니다. 그리고 지하철 2호선이 있어서 저는 홍대 앞과 강남역에 갈 때 지하철을 탑니다. 버스도 많아서 서울에서 가고 싶은 곳에 다 갈 수 있습니다. 또 근처에 산이 있어서 등산도 할 수 있습니다. 저는 한국 생활이 힘들 때 자주 등산하러 갑니다.

저는 우리 동네가 정말 좋습니다. 고향에 돌아갈 때까지 여기에서 계속 살고 싶습니다.

2 **위의 글은 브루나가 살고 있는 동네에 대한 내용이에요. 읽고 답해 보세요.**
Read the passage above about Bruna's neighborhood and answer the questions.

(1) 동네에 대해 맞지 <u>않는</u> 것을 골라 보세요. Choose the false statement about the neighborhood.

① 

② 

③ 

(2) 브루나에 대해 읽은 내용과 같으면 ○, 다르면 ×로 표시해 보세요. Mark ○ if it is true about Bruna, × if it is false.

① 이 동네에서 3개월 동안 살았습니다. (   )

② 예쁜 카페에 구경하러 자주 갑니다. (   )

③ 강남역에 갈 때 지하철을 타고 갑니다. (   )

(3) 브루나는 언제 등산을 해요? When does Bruna go hiking?

____

3 여러분이 지금 살고 있는 동네를 소개하는 글을 써 보세요.

Write a brief introduction about the neighborhood you currently live in.

(1) 다음 질문을 보고 메모해 보세요.
Write a note about the following questions.

지금 살고 있는 동네는 어디입니까?

동네의 교통, 편의 시설,
주변 환경은 어떻습니까?

이 동네에 계속 살고 싶습니까?

(2) 위의 메모를 바탕으로 지금 살고 있는 동네를 소개하는 글을 써 보세요.
Based on the notes above, write an introduction about your neighborhood.

준비하기

- 다음은 돌침대와 돌솥이에요. 돌침대와 돌솥은 돌로 만들었어요. 왜 침대와 솥을 돌로 만들었을까요?
  Here are pictures of a stone bed and a stone pot. Why did people choose to make beds and pots out of stone?

돌침대

돌솥

알아보기

- 한국의 집은 바닥이 따뜻해요. 이것은 바닥에 난방을 했기 때문이에요. 바닥 난방은 '온돌'이라는 한국의 전통 난방 방식에서 왔어요. '온돌'은 불을 때면 열이 바닥에 저장돼서 장시간 방을 따뜻하게 해 주는 난방 방식이에요. 한국인들은 온돌과 같은 돌을 이용하여 잠을 잘 때도 따뜻하게 잘 수 있는 '돌침대', 식사할 때도 따뜻하게 먹을 수 있는 '돌솥'을 만들었어요.
  Korean houses feature warm floors due to a traditional heating system called 'ondol.' Ondol efficiently stores heat in the floor when the fire is ignited, ensuring long-lasting warmth in the room. Koreans have also created 'stone beds' made of warm stones similar to ondol, to provide cozy sleeping experience, and 'stone pots' that enable them to enjoy warm meals while dining.

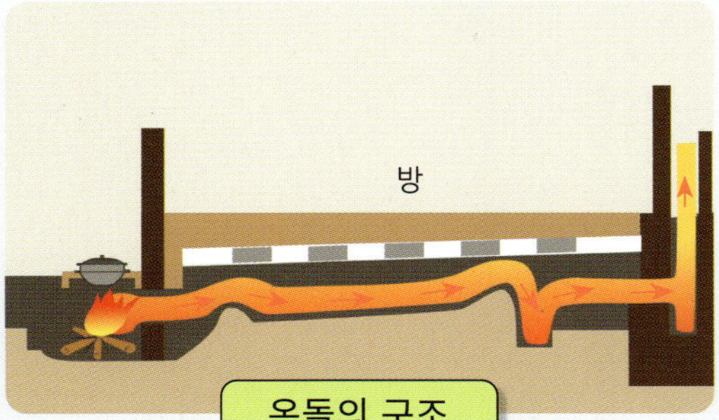

온돌의 구조

현대 최첨단 아파트의 바닥 난방

생각해 보기

- 온돌과 같은 바닥 난방이 있는 집에서 살면 무엇이 좋을지 이야기해 보세요.
  Discuss the benefits of living in a house equipped with underfloor heating like ondol.
- 집을 짓는다면 집에 어떤 것을 만들고 싶은지 이야기해 보세요.
  If you were to build a new house, discuss what facilities or devices you would like to include in the house.

어휘와 표현 확인
Vocabulary and expressions check

의미를 아는 어휘나 표현에 ✓표 해 보세요.
Check(✓) the vocabulary or expressions that you know.

1 어떤 집에서 살고 싶어요?

- □ 원룸 studio
- □ 빌라 villa
- □ 주택 housing
- □ 기숙사 dormitory
- □ 아파트 apartment
- □ 오피스텔 officetel
- □ 방이 넓다 The room is large
- □ 시설이 좋다 The facility is good
- □ 햇빛이 잘 들어오다 The sunlight comes in well
- □ 교통이 편리하다 Transportation is convenient
- □ 주변이 조용하다 It is quiet around
- □ 근처에 편의시설이 많다 There are many amenities nearby
- □ 마당 yard
- □ 양복 suit
- □ 과일 fruit
- □ 시다 to be sour
- □ 음료수 beverage
- □ 말이 많다 to be talkative
- □ 관리비 utilities and service cost
- □ 나오다 to be charged
- □ 같다 to be same
- □ 이사 moving
- □ 인터넷 사이트 website
- □ 안전하다 to be safe
- □ 곳 place

2 다른 집보다 좀 비싸요

- □ 집을 구하다 to look for a house
- □ 인터넷으로 알아보다 to look up on the Internet
- □ 전세 rent on a deposit basis
- □ 월세 monthly rent
- □ 보증금 deposit
- □ 부동산에 가다 to go to real estate agency
- □ 부동산 중개사 real estate agent
- □ 집을 보러 가다 to go to see a house
- □ 계약을 하다 to sign a contract
- □ 계약서 contract
- □ 집주인 landlord
- □ 연락하다 to contact
- □ 사이즈 size
- □ 더 more
- □ 훨씬 much more
- □ 수학 mathematics
- □ 역사 history
- □ 중에서 among
- □ 이층집 two-story house
- □ 정원 garden
- □ 수영장 swimming pool
- □ 동네 neighborhood
- □ 멋지다 to be cool
- □ 사실 actually
- □ 미래 future
- □ 집세 rent
- □ 방값 rent
- □ 그럼요 sure

3 어려운 일이 있을 때 잘 도와줘요

- □ 룸메이트 roommate
- □ 착하다 to be kind
- □ 잃어버리다 to lose
- □ 스포츠 센터 sports center
- □ 오래되다 to be old
- □ 생활 리듬 daily rhythm
- □ 비슷하다 to be similar
- □ 관심이 있다 to be interested in
- □ 정리하다 to clean up
- □ 물건 stuff
- □ 여기저기 here and there
- □ 놓다 to put
- □ 마음이 안 좋다 to feel bad

4 단원 Unit

외모와 성격
Appearance and personality

1

2

3

다음 표현에 알맞은 사진을 찾아서 번호를 써 보세요.

Match the expressions with the pictures and write the number in the box.

- ☐ 모자를 썼어요.
- ☐ 성격이 활발해요.
- ☐ 네모난 지갑이에요.

1 옷을 잘 입는 사람이에요
She dresses well

어휘와 표현 Vocabulary and expressions

1 **다음은 사람들의 옷차림이에요. 그림에 맞는 표현을 소리 내서 읽어 보세요.**
The pictures illustrate people's outfits. Match the expressions with the pictures. Then read them aloud.

레아

다니엘

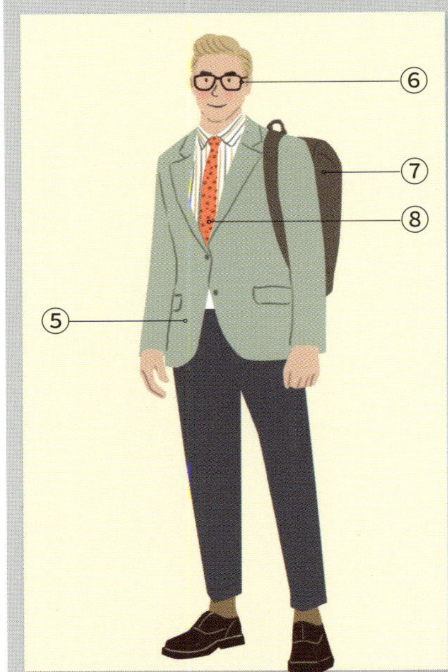

리카

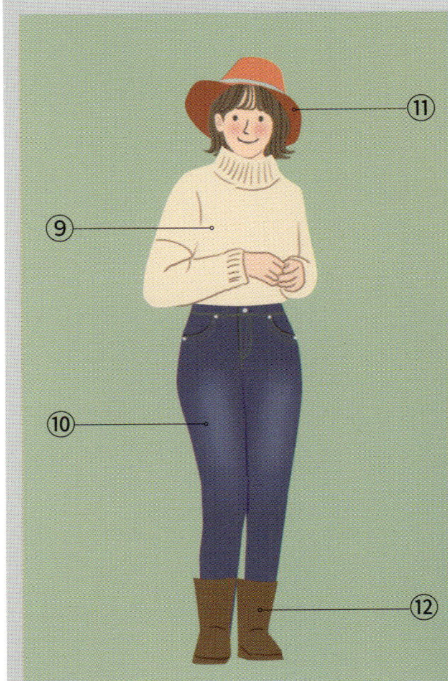

① 재킷을 입었어요
② 원피스를 입었어요
③ 스카프를 했어요
④ 양말을 신었어요

⑤ 정장을 입었어요
⑥ 안경을 썼어요
⑦ 배낭을 멨어요
⑧ 넥타이를 했어요

⑨ 스웨터를 입었어요
⑩ 청바지를 입었어요
⑪ 모자를 썼어요
⑫ 부츠를 신었어요

2 **위의 그림을 보면서 사람들의 옷차림에 대해 친구와 묻고 대답해 보세요.**
Look at the pictures above. Ask and answer questions about people's outfits.

레아는 뭘 입고 있어요?

재킷과 원피스를 입고 있어요. 그리고
스카프를 하고 있고, 양말을 신고 있어요.

+ 더 알아보기

V-고 있다
동사에 붙어 동작이 끝난 후에 그 결과가 현재까지 지속되는 상태임을 나타낸다. 주로 인물을 묘사할 때 사용한다.
It is attached to a verb to indicate that the result of a completed action continues up to the present. It is mainly used for describing a person.

예) 제이슨이 가방을 들고 있어요.
타나펀이 목걸이를 하고 있었어요.

문법 Grammar

1 대화를 듣고 다음 질문에 알맞은 답을 골라 보세요.
Listen to the conversations. Then choose the correct answer to each question.

31

(1) 타나펀은 어떤 프로그램을 자주 봐요?

① 드라마를 자주 봐요.
② 음악 프로그램을 자주 봐요.

(2) 다니엘은 지금 뭐 해요?

① 농구해요.
② 책을 읽어요.

V-는

A 리카 씨가 찾는 책이 이거예요?
B 네. 그 책이 맞아요.

A 샤니 씨, 어떤 사람을 사귀고 싶어요?
B 운동을 잘하는 사람을 만나고 싶어요.

A 지금 듣는 노래가 뭐예요?
B 케이 팝(K-pop)이에요. 아주 좋아요.

A 아버지께서는 무슨 일을 하세요?
B 가구 만드는 일을 하세요.

'-는'은 동사에 붙어 명사를 수식하게 하며 그 사건이나 행위가 현재 일어나고 있음을 나타낼 때 사용한다.
-는 is attached to a verb and modifies the following noun to indicate ongoing actions or events in the present.

2 질문에 알맞은 대답을 찾아 써 보세요. 그리고 맞는지 들어 보세요.
Match the questions and answers. Then listen to check your answers.

32

(1) 왜 이사하려고 해요? ⓒ
(2) 누가 레아 씨 언니예요? ______
(3) 쉬는 날에 보통 뭐 해요? ______
(4) 샤니 씨, 버스를 기다려요? ______
(5) 특별히 좋아하는 한국 음식이 있어요? ______

ⓐ 쉬는 날에는 잠만 자요.
ⓑ 저는 불고기를 가장 좋아해요.
ⓒ 지금 사는 집이 너무 시끄러워서요.
ⓓ 네. 명동에 가는 버스를 기다리고 있어요.
ⓔ 저기에서 사진을 찍는 사람이 우리 언니예요.

3 학생 A와 학생 B가 되어 그림 속에 있는 사람이 누구인지 이야기해 보세요. 그리고 빈칸에 알맞게 써 보세요. With student B, ask and answer questions about identifying the people in the picture. Then fill the blanks.

학생 B p.143 >

학생 A (1) 올가 (3) 브루나 (5) 샤오동 (7) 제이슨

A 누가 올가예요?
B 김밥을 먹는 사람이 올가예요.

4 요즘 자주 하는 일에 대해 친구와 묻고 대답해 보세요. 그리고 묻고 답한 내용을 써 보세요.
Ask your partner about what he/she does frequently these days. Then write your questions and his/her answers.

A 샤니 씨, 요즘 어디에 자주 가요?
B 요즘 자주 가는 곳은 학교 앞 카페예요.

질문	대답
어디에 자주 가요?	요즘 자주 가는 곳은 학교 앞 카페예요.
누구를 자주 만나요?	
무슨 옷을 자주 입어요?	

듣고 말하기 Listening and speaking

1 **다음은 사람들의 모습이에요. 다음 사람들의 옷차림에 대해 말해 보세요.**
Look at the pictures. Talk about the people's outfits.

2 **타나펀과 수빈의 대화예요. 잘 듣고 물음에 답해 보세요.**
Listen to the conversation between Thanaporn and Subin and answer the questions. 33

(1) 수빈의 가족으로 맞는 것을 골라 보세요.
Choose the correct picture for Subin's family member.

① 오빠

② 남동생

③ 언니

(2) 수빈에 대해 들은 내용과 같으면 ○, 다르면 ×로 표시해 보세요.
Mark ○ if it is true about Subin, × if it is false.

① 작년에 대학교를 졸업했어요. (　　)
② 오빠와 웃는 모습이 닮았어요. (　　)
③ 수빈의 어머니는 졸업식에 못 오셨어요. (　　)

3 **제이슨과 지유의 대화예요. 잘 듣고 물음에 답해 보세요.**
Listen to the conversation between Jason and Jiyu and answer the questions. 34

(1) 들은 내용과 같으면 ○, 다르면 ×로 표시해 보세요. Mark ○ if it is true, × if it is false.

① 지유는 한국 전통 음악 동아리 공연을 했어요. (　　)
② 제이슨은 한국 전통 공연을 여러 번 봤어요. (　　)
③ 샤니는 청바지와 스웨터를 입고 있어요. (　　)

(2) 지유의 동생은 무슨 옷을 입었어요?
What did Jiyu's sister wear?

4 다음과 같이 사람들의 옷차림에 대해 대화해 보세요.
Practice this conversation describing people's outfits by using the words provided below.

건우 브루나 씨, 전시회 축하해요.
브루나 건우 씨, 와 줘서 고마워요.
건우 그런데 브루나 씨, 저기에서 레아하고 그림을 보는 사람은 누구예요?
브루나 치마에 재킷을 입고 있는 사람요?
건우 아니요. 그 옆에 긴 원피스를 입고 스카프를 하고 있는 사람요.
브루나 동아리 친구예요. 같이 인사하러 갈까요? 제가 소개해 줄게요.

(1)	(2)	(3)	(4)
레아하고 그림을 보다	리카랑 이야기하다	타나펀과 사진을 찍다	
치마에 재킷을 입다	반바지에 티셔츠를 입다	청바지를 입다	
긴 원피스를 입고 스카프를 하다	긴 바지를 입고 모자를 쓰다	정장을 입고 넥타이를 하다	
동아리 친구	고향 친구	한국 친구	

발음 Pronunciation

1. 잘 듣고 맞는 것에 ✓표 해 보세요.
Listen carefully and check(✓) the box with the correct answer.

35

(1) 흰색 [□ 흰색, □ 힌색]
(2) 주의 [□ 주이, □ 주의]
(3) 나의 가족 [□ 나이가족, □ 나에가족]
(4) 우리의 문제 [□ 우리에문제, □ 우리이문제]

'의'의 발음 Pronunciation of 의

'의'는 자음을 첫소리로 가지고 있을 때 [이]로 발음한다. 또한 '의'가 둘째 음절 이하에 나타날 때는 [이]로 발음해도 된다.
의 is pronounced as [이] when it has a consonant as the initial sound of a syllable. Additionally, when 의 appears in the second syllable, it can be pronounced as [이].

희망 [히망] 씌우다 [씨우다] 회의 [회의/회이] 여의도 [여의도/여이도]

단어와 단어를 연결하는 조사 '의'는 [ㅔ]로 발음해도 된다. The particle 의 that connects words can be pronounced as [ㅔ].

언니의 안경 [언니의안경/언니에안경] 친구의 가방 [친구의가방/친구에가방]

2. 잘 듣고 따라 해 보세요.
Listen carefully and repeat the following sentences.

36

(1) 저희 집에 오세요.
(2) 편의점에 가세요?
(3) 누구의 연필이에요?
(4) 그건 친구의 책이에요.
(5) 밥을 거의 다 먹었어요.
(6) 꽃무늬 원피스를 샀어요.

2 잃어버린 가방을 찾고 있어요
I am looking for my lost bag

어휘와 표현 Vocabulary and expressions

1 **다음은 색깔이에요. 어휘를 소리 내서 읽어 보세요.**
Here is a list of colors. Read the names of colors aloud.

① 검은색/까만색 □

② 노란색 □

③ 보라색 □

④ 주황색 □

⑤ 초록색 □

⑥ 파란색 □

⑦ 하얀색/흰색 □

⑧ 회색 □

⑨ 빨간색 □

2 **위의 그림에서 좋아하는 색깔을 골라 ✓표 해 보세요. 그리고 여러분이 좋아하는 색깔에 대해 친구와 묻고 대답해 보세요.** Choose your favorite colors from the pictures above and check(✓) the box. Then ask and answer questions about your favorite colors.

어떤 색을 좋아해요?

저는 노란색을 좋아해요. 그리고 초록색하고
파란색도 좋아해요.

문법 Grammar

1 다음을 듣고 대화를 읽어 보세요. 올가는 무엇을 잃어버렸어요?
Listen and read the conversation. What did Olga lose?

37

V-은/ㄴ

A 어제 저녁에 먹은 음식은 어땠어요?
B 입에 잘 맞아서 맛있었어요.

A 제이슨 씨, 어제 뭐 했어요?
B 미국에서 온 친구들을 만났어요.

A 오늘 입은 치마가 참 예뻐요.
B 친구가 제 생일에 선물한 거예요.

A 이 부채 너무 예뻐요. 누가 만들었어요?
B 문화 수업 때 제가 만든 거예요.

'-은/ㄴ'은 동사에 붙어 명사를 수식하게 하며 동작이나 행위가 과거에 일어났음을 나타낼 때 사용한다.
-은/ㄴ is attached to a verb and modifies the following noun to indicate actions or events that occurred in the past.

받침 ○ + 은

받침 ×, ㄹ + ㄴ

2 질문에 알맞은 대답을 찾아 써 보세요. 그리고 맞는지 들어 보세요.
Match the questions and answers. Then listen to check your answers.

38

(1) 이 가방 새로 샀어요? ⓔ
(2) 조금 전에 읽은 책이 뭐예요? ______
(3) 한국에서 가장 기억에 남는 게 뭐예요? ______
(4) 어제 길에서 주운 여권을 어떻게 했어요? ______
(5) 리카 씨, 지금까지 여행한 나라는 어디예요? ______

ⓐ 한국 소설책이에요.
ⓑ 경찰서에 여권을 갖다줬어요.
ⓒ 한국, 태국, 프랑스를 여행했어요.
ⓓ 말하기 대회에서 상을 받은 거예요.
ⓔ 아니요. 어머니께서 만들어 주신 가방이에요.

3 여러분이 한 일에 대해 말해 보세요.

Ask and answer questions about what you did at the following times.

(1) 어제

(2) 어젯밤

(3) 그저께

(4) 지난 토요일

(5) 오늘

(6) 어제 수업 후

A 어제 영화를 봤어요?

B 네. 봤어요. 어제 본 영화는 재미없었어요.

4 지난 주말에 한 일에 대해 친구와 묻고 대답해 보세요. 그리고 묻고 답한 내용을 써 보세요.

Ask your partner what he/she did over the last weekend. Then write your questions and his/her answers.

A 지난 주말에 뭘 먹었어요?

B 지난 주말에 먹은 음식은 불고기예요.

질문	대답
지난 주말에 뭘 먹었어요?	지난 주말에 먹은 음식은 불고기예요.
지난 주말에 어디에 갔어요?	
지난 주말에 누구를 만났어요?	

읽고 말하기 Reading and speaking

1 다음 광고의 제목을 보세요. 어떤 광고인지 말해 보세요.
Look at the title of advertisement. What kind of advertisement is it?

당근마켓 | 중고거래 | 동네가게 | 알바 | 부동산 직거래 | 중고차 직거래 | 물품이나 동네를 검색해 보세요.

ⓐ

ELC
서대문구 대현동

38.1°C
매너온도

♡ **100,000원**
가격 제안하기

채팅하기

4인용 하얀색 원목 식탁

가구 · 7시간 전

식탁과 의자를 팔려고 합니다. 식탁과 의자 모두 나무로 만든 것이고 하얀색입니다. 이 식탁은 네 명이 앉을 수 있습니다. 그리고 네모난 식탁이고 가로는 120cm, 세로는 75cm, 높이는 80cm입니다.

이 식탁을 5년 전에 샀지만 지금도 깨끗하고 아주 튼튼합니다. 처음에 살 때는 백화점에서 50만 원 정도 주고 샀습니다. 그렇지만 이번에 10만 원에 팔려고 합니다. 이 식탁에는 아기 의자도 있습니다. 필요하시면 아기 의자를 무료로 드릴 수 있습니다.

그런데 배달은 해 드리지 않습니다. 이 식탁을 사시는 분은 저희 집에 있는 식탁을 직접 가져가셔야 합니다. 원하시는 분은 연락 주세요.

관심 8 · 채팅 18 · 조회 561

2 위의 글은 중고 거래 사이트에 있는 광고문이에요. 읽고 답해 보세요.
The text above is an advertisement posted on a second-hand online market. Read and answer the questions.

(1) 광고에 대한 설명으로 맞는 것을 골라 보세요. Choose the true statement about the advertisement.

① 5년 동안 사용한 식탁을 팔려고 합니다.
② 아기 의자를 사고 싶으면 10만 원을 더 내야 합니다.
③ 식탁을 사면 집까지 배달해 줄 겁니다.

(2) ⓐ에 들어갈 사진으로 맞는 것을 골라 보세요. Choose the appropriate picture for ⓐ.

①

②

③

3 역할극을 해 보세요.
Do a roleplay.

(1) 지하철 유실물 센터 직원과 타나펀이 잃어버린 가방에 대해 이야기하고 있어요. 여러분이 지하철 유실물 센터 직원과 타나펀이 되어 대화해 보세요. Thanaporn is talking to an employee at the subway's lost and found center about her lost bag. Roleplay as Thanaporn and the subway's lost and found employee.

직원

잃어버린 가방의 모양에 대해 묻고 이름과 연락처를 물어보세요.

Ask about the shape of the bag that Thanaporn lost, as well as her name and contact number.

타나펀

잃어버린 가방에 대해 유실물 센터 직원의 질문에 대답해 보세요.

Answer the questions asked by the lost and found employee regarding your lost bag.

뭘 도와드릴까요? → 가방이 어떻게 생겼습니까? → 성함과 연락처를 말씀해 주시겠어요?

기능 표현 물건의 모양에 대해 묻고 답하기 Asking and answering about the shape of an item

A 가방이 어떻게 생겼습니까?

B 노란색 천 가방이에요. / 가죽으로 된 가방이에요. / 빨간색 체크무늬 가방이에요.

직원	뭘 도와드릴까요?
타나펀	오늘 아침에 지하철에 가방을 놓고 내렸어요.
직원	잃어버린 가방이 어떻게 생겼습니까?
타나펀	노란색 천으로 된 가방이에요. 가방 안에 책하고 노트북이 있어서 꼭 찾아야 해요.
직원	잠시만요 (잠시 후) 아직 그런 가방은 들어오지 않았습니다. 성함과 연락처를 말씀해 주시겠어요? 찾으시는 가방이 들어오면 연락드리겠습니다.
타나펀	제 이름은 타나펀이고 전화번호는 010-1257-2138이에요. 찾으시면 꼭 연락 주세요.

(2) 지하철 유실물 센터에서 여러분이 잃어버린 물건에 대해 대화해 보세요.
Have a conversation at the subway's lost and found center inquiring about the item you lost.

3 가족처럼 소중한 사람이에요

He is as precious as my family

문법 Grammar

1 다음을 읽어 보세요. 수빈은 지유에게 어떤 사람입니까?

Read the following. What does Jiyu think of Subin?

수빈 언니는 제가 어릴 때 우리 옆집으로 이사 왔습니다. 언니는 저에게 공부도 가르쳐 주고 학교가 끝나면 매일 저와 놀아 주었습니다. 지금도 수빈 언니는 저를 친언니처럼 잘 챙겨 줍니다.

N처럼

A 다니엘은 매운 음식을 잘 먹어요?
B 네. 한국 사람처럼 잘 먹어요.

A 새로 산 구두가 어때요?
B 운동화처럼 편해요.

A 이거 작년에 제주도 여행 가서 찍은 사진이에요.
B 경치가 그림처럼 아름다워요.

A 브루나 씨, 동생도 키가 커요?
B 네. 제 동생도 저처럼 키가 커요.

'처럼'은 명사에 붙어 어떤 모양이나 행동을 앞의 명사에 빗대어, 그 앞의 명사와 비슷한 정도이거나 그와 동일함을 나타낼 때 사용한다.

처럼 is attached to a noun to indicate that the referred subject shares certain qualities, characteristics, or behaviors with another subject.

2 질문에 알맞은 대답을 찾아 써 보세요. 그리고 맞는지 들어 보세요.

Match the questions and answers. Then listen to check your answers.

39

(1) 기숙사는 어때요? ___ⓐ___
(2) 브루나가 영어를 잘해요? ______
(3) 머리를 어떻게 해 드릴까요? ______
(4) 남자 친구는 어떤 사람이에요? ______
(5) 리카 씨, 타나펀이 노래를 잘 불러요? ______

ⓐ 우리 집처럼 편안해요.
ⓑ 네. 가수처럼 노래를 잘 불러요.
ⓒ 바다처럼 마음이 넓은 사람이에요.
ⓓ 네. 저도 브루나처럼 잘하고 싶어요.
ⓔ 이 사진에 있는 배우처럼 잘라 주세요.

3 다음을 보고 '처럼'을 사용해서 빈칸에 써 보세요.

Look at the following pictures and write in the blanks using 처럼.

(1) 

A 올가가 다른 사람을 잘 도와줘요?

B 네. 정말 천사처럼 착해요.

(2) 

A 제이슨은 정말 멋있어요.

B 맞아요. ___________ 옷도 잘 입어요.

(3) 

A 우리 반에서 누가 야구를 제일 잘해요?

B 다니엘요. 다니엘은 ___________ 공을 잘 던져요.

(4) 

A 이 그림 정말 잘 그렸어요. 누가 그린 거예요?

B 브루나요. 브루나는 ___________ 그림을 잘 그려요.

(5) 

A 불고기가 정말 맛있어요. 누가 만든 거예요?

B 리카가 만든 거예요. 리카는 ___________ 요리를 잘해요.

4 뭐 하는 걸 좋아하는지 친구들과 묻고 대답해 보세요. 그리고 친구들의 대답을 써 보세요.

Ask your classmates about their interests or hobbies. Then write their answers in the chart.

샤오동 씨, 뭐 하는 걸 좋아해요?

저는 수영하는 걸 좋아해요. 그래서
수영 선수처럼 수영을 잘하고 싶어요.

이름	뭐 하는 걸 좋아해요?
샤오동	저는 수영하는 걸 좋아해요. 그래서 수영 선수처럼 수영을 잘하고 싶어요.

듣고 말하기 Listening and speaking

1 **다음은 사람들의 성격이에요. 각 사람의 성격이 어떤지 말해 보세요.**
Look at the pictures. Describe the personalities of these people.

활발해요

마음이 넓어요

성격이 급해요

2 **레아와 샤오동의 대화예요. 잘 듣고 물음에 답해 보세요.**
Listen to the conversation between Léa and Xiaodong and answer the questions.

40

(1) 레아의 친구에 대해 맞는 것을 골라 보세요.
Choose the true statement about Léa's friend.

① 샤오동과 전공이 같아요.
② 한국에서 대학교에 다니고 있어요.
③ 레아와 성격이 비슷하고 말도 잘 통해요.

(2) 레아의 친구는 왜 중국어를 잘해요?
Why is Léa's friend good at Chinese?

____

(3) 들은 내용과 같으면 ○, 다르면 ×로 표시해 보세요.
Mark ○ if it is true, × if it is false.

① 레아는 샤오동에게 친구를 소개해 주려고 해요. ( )
② 샤오동은 성격이 밝고 활발해요. ( )
③ 레아의 친구가 오늘 샤오동에게 전화할 거예요. ( )

3 이 사람이 누구인지 맞혀 보세요.
Guess who this person is.

(1) 종이에 자신의 외모와 성격, 좋아하는 것, 잘하는 것 등에 대해 써 보세요.
Write a description of your physical appearance, personality, interests, and strengths on the paper.

키가 큽니다. 머리는 갈색이고 긴 생머리입니다.	외모
활발하지만 성격이 조금 급합니다.	성격
영화 보는 것을 좋아합니다. 그래서 주말에 보통 영화를 봅니다.	좋아하는 것
운동을 잘합니다. 특히 테니스는 테니스 선수처럼 잘 칩니다.	잘하는 것

이름: 브루나

(2) (1)에서 쓴 종이를 한곳에 모아서 섞고 그중에 한 장씩 뽑은 후에 3~4명씩 모이세요. 가져온 종이에 쓰여 있는 것을 읽어 보세요. 다른 친구들은 그것을 듣고 누구인지 맞혀 보세요. Collect the papers of (1) and shuffle them. Then let each person pick one of these papers and form groups of three to four people. Take turns reading aloud what is written on the paper you have, while the other group members listen and try to guess who the person is.

A 이 사람은 키가 커요. 머리는 갈색이고 긴 생머리예요.
B 레아 씨예요?
A 아니요. 이 사람은 활발하지만 성격이 조금 급해요.
C 그럼 혹시 브루나예요?
A 네. 맞아요.

(3) 팀에서 가장 맞히기 어려웠던 한 장를 선택해 보세요. 그리고 거기에 쓰여 있는 것을 반 친구들 앞에서 읽어 보세요. 다른 팀은 듣고 누구인지 맞혀 보세요.
Choose one person that was the most difficult to guess in your group. Then read his/her description in front of the class so that the other groups may guess who it is.

이 사람은 키가 큽니다. 그리고 머리는 갈색이고 긴 생머리입니다. 이 사람은 활발하지만 성격이 급합니다. …… 이 사람은 누구입니까?

읽고 쓰기 Reading and writing

1 **다음 사진을 보세요. 리카의 이상형이 어떤지 말해 보세요.**
Look at the pictures. Talk about Rika's ideal type.

내 이상형

제 이상형은 옷을 멋있게 입는 사람입니다. 제가 옷에 관심이 많아서 옷을 잘 입는 사람을 좋아합니다. 그리고 재미있게 말하는 사람도 좋습니다. 그렇지만 외모는 중요하게 생각하지 않습니다.

저는 운동을 좋아합니다. 특히 스키 타는 것을 아주 좋아합니다. 그래서 저처럼 스키를 좋아하는 사람을 만나고 싶습니다. 성격은 조용한 사람보다 활발하고 친구가 많은 사람이 좋습니다. 직업은 상관없지만 너무 바쁜 사람은 싫습니다.

얼마 전에 한국 친구가 한국 남자를 소개해 줬습니다. 그 사람과 만나면 즐거워서 우리는 항상 많이 웃게 됩니다. 저는 그 사람과 이야기하는 것이 너무 좋습니다. 이상형에 가까운 사람을 만나서 저는 요즘 행복합니다.

2 **위의 글은 리카의 이상형에 대한 내용이에요. 읽고 답해 보세요.**
The passage above is about Rika's ideal type. Read and answer the questions.

(1) 리카의 이상형으로 맞지 않는 것을 골라 보세요. Choose the false statement about Rika's ideal type.

① 조용한 사람　　② 재미있는 사람　　③ 친구가 많은 사람

(2) 리카에 대해서 읽은 내용과 같으면 ○, 다르면 ×로 표시해 보세요.
Mark ○ if it is true about Rika, × if it is false.

① 옷을 멋있게 입는 사람이 좋습니다. (　　)
② 바쁘게 일하는 사람을 좋아하지 않습니다. (　　)
③ 얼마 전에 만난 사람은 잘생긴 사람입니다. (　　)

(3) 리카는 왜 요즘 행복해요?
Why is Rika happy these days?

____

+ 더 알아보기

A-게
형용사에 붙어 뒤에 나오는 상태나 행동의 정도나 방식을 나타낼 때 사용한다.
It is attached to an adjective to indicate the degree or manner of state or action that follows A-게.

예) 맛있게 먹겠습니다.
　　맵지 않게 해 주세요.

3 여러분의 이상형을 소개하는 글을 써 보세요.
Write a brief introduction about your ideal type.

(1) 다음 질문을 보고 메모해 보세요.
Write a note about the following questions.

어떻게 생긴 사람이 좋습니까?

성격이 어떤 사람이 좋습니까?

어떤 일을 하는 사람이 좋습니까?

(2) 위의 메모를 바탕으로 이상형에 대한 글을 써 보세요.
Based on the notes above, write a paragraph describing your ideal type.

문화 Culture | 옷과 신발의 사이즈 Size of clothes and shoes

준비하기

- 다음은 구두와 옷을 쇼핑하는 모습이에요. 어떤 상황일까요?
  Look at the pictures of a clothing store and a shoe store. Can you guess what embarrassed the customers?

알아보기

- 한국에서는 옷 사이즈를 표기할 때 가슴둘레(㎝)를 기준으로 해서 '90, 95, 100' 등으로 표기하기도 하고 가슴둘레, 허리둘레, 키를 기준으로 해서 'S, M, L' 등으로 표기하기도 해요. 신발 사이즈를 표기할 때는 발 길이(㎜)를 기준으로 해서 '235, 240, 245, 250' 등으로 표기해요.
  In Korea, when indicating clothing sizes, they are often labeled based on chest circumference (in centimeters), such as '90, 95, 100', or based on chest circumference, waist circumference, and height, using 'S, M, L', and so on. When indicating shoe sizes, they are labeled based on foot length (in millimeters), such as '235, 240, 245, 250', and so on.

생각해 보기

- 여러분 나라에서는 신발, 옷 사이즈를 어떻게 표기하는지 이야기해 보세요.
  Talk about the size notation system for clothing and shoes in your country.
- 여러분 나라와 한국의 신발, 옷 사이즈 표기 방식이 다른 경우에 한국에서 어떻게 쇼핑을 했는지 이야기해 보세요. Share your experiences of shopping in Korea and how you dealt with the size notation system that is different from your country.

어휘와 표현 확인
Vocabulary and expressions check

의미를 아는 어휘나 표현에 ✓표 해 보세요.
Check(✓) the vocabulary or expressions that you know.

1 옷을 잘 입는 사람이에요

- ☐ 재킷을 입다 — to wear a jacket
- ☐ 원피스를 입다 — to put on a dress
- ☐ 스카프를 하다 — to wear a scarf
- ☐ 양말을 신다 — to put on socks
- ☐ 정장을 입다 — to wear a suit
- ☐ 안경을 쓰다 — to wear glasses
- ☐ 배낭을 메다 — to carry a backpack
- ☐ 넥타이를 하다 — to wear a tie
- ☐ 스웨터를 입다 — to put on a sweater
- ☐ 청바지를 입다 — to wear jeans
- ☐ 모자를 쓰다 — to put on a hat
- ☐ 부츠를 신다 — to put on boots
- ☐ 프로그램 — program
- ☐ 특별히 — specially
- ☐ 웃다 — to laugh
- ☐ 인사하다 — to greet

2 잃어버린 가방을 찾고 있어요

- ☐ 검은색/까만색 — black
- ☐ 노란색 — yellow
- ☐ 보라색 — purple
- ☐ 주황색 — orange
- ☐ 초록색 — green
- ☐ 파란색 — blue
- ☐ 하얀색/흰색 — white
- ☐ 회색 — gray
- ☐ 빨간색 — red
- ☐ 입에 맞다 — to suit one's taste
- ☐ 부채 — fan
- ☐ 기억에 남다 — to remain in one's memory
- ☐ 줍다 — to pick up
- ☐ 경찰서 — police station
- ☐ 갖다주다 — to bring
- ☐ 말하기 대회 — speech contest
- ☐ 상을 받다 — to receive an award
- ☐ 풍경 — scenery
- ☐ 그저께 — two days ago
- ☐ 원목 — hardwood
- ☐ 식탁 — table
- ☐ 팔다 — to sell
- ☐ 네모나다 — to be square
- ☐ 튼튼하다 — to be strong
- ☐ 가로 — width
- ☐ 세로 — length
- ☐ 높이 — height
- ☐ 배달 — delivery
- ☐ 원하다 — to want
- ☐ 천 — fabric
- ☐ 가죽 — leather
- ☐ 체크무늬 — checkered pattern
- ☐ 그렇다 — to be such
- ☐ 성함 — name
- ☐ 연락처 — contact details

3 가족처럼 소중한 사람이에요

- ☐ 친언니 — real sister
- ☐ 챙겨 주다 — to take care of
- ☐ 편안하다 — to be comfortable
- ☐ 마음이 넓다 — to be open-minded
- ☐ 모델 — model
- ☐ 천사 — angel
- ☐ 공 — ball
- ☐ 던지다 — to throw
- ☐ 활발하다 — to be active
- ☐ 성격이 급하다 — to be impatient
- ☐ 국제 관계 — international relations
- ☐ 말이 통하다 — to communicate
- ☐ 외모 — physical appearance
- ☐ 갈색 — brown
- ☐ 생머리 — straight hair
- ☐ 이상형 — ideal type
- ☐ 상관없다 — to not matter
- ☐ 싫다 — to dislike
- ☐ 얼마 전 — recently

5 단원 Unit

경험
Experiences

1

2

3

다음 표현에 알맞은 사진을 찾아서 번호를 써 보세요.

Match the expressions with the pictures and write the number in the box.

- ☐ 한국어 말하기대회에 나갔어요.
- ☐ 유적지를 구경해요.
- ☐ 인턴사원으로 일해요.

1 정말 재미있겠어요
It would be really fun

어휘와 표현 Vocabulary and expressions

1 **다음은 여행을 떠나기 전에 준비하는 모습이에요. 그림에 맞는 표현을 소리 내서 읽어 보세요.**
The pictures illustrate what to prepare before going on a trip. Match the expressions with the pictures. Then read them aloud.

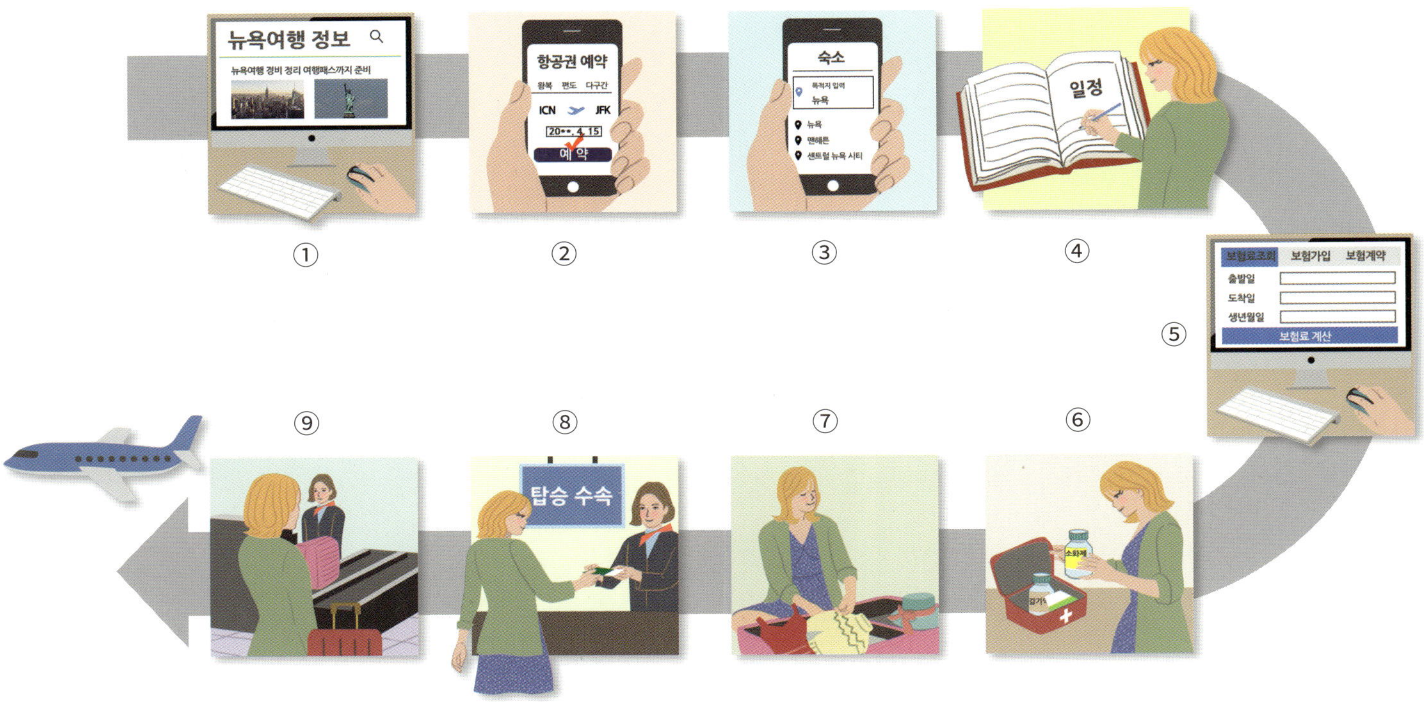

① 여행지 정보를 찾아봐요　② 교통편을 예약해요　③ 숙소를 정해요
④ 일정을 짜요　⑤ 여행자 보험을 들어요　⑥ 상비약을 챙겨요
⑦ 짐을 싸요　⑧ 탑승 수속을 해요　⑨ 짐을 부쳐요

2 **위의 그림을 보면서 이 사람이 여행을 떠나기 전에 무엇을 하는지 친구와 묻고 대답해 보세요.**
Look at the pictures above. Ask and answer questions about what this person does before going on a trip.

지금 뭐 해요?

여행지 정보를 찾아봐요.

문법 Grammar

1 대화를 듣고 다음 질문에 알맞은 답을 골라 보세요.

Listen to the conversations. Then choose the correct answer to each question.

41

(1) 제이슨은 어떻게 생각해요?

① 리카가 힘들어요.
② 리카가 즐거워요.

(2) 지유는 어떻게 생각해요?

① 샤오동은 놀이 기구가 재미없었어요.
② 샤오동은 놀이공원에서 재미있었어요.

A/V-겠-

A 이 빵 좀 드세요. 제가 만들었어요.
B 맛있겠어요.

A 이 방은 창문이 커서 좋아요.
B 햇빛이 잘 들어오겠어요.

A 요즘 회사에 일이 많아서 매일 야근해요.
B 그래요? 너무 피곤하겠어요.

A 내일 저녁 5시에 부산으로 출발하는 버스를 탈 거예요.
B 도착하면 밤이겠어요.

'-겠-'은 형용사, 동사, '이다'에 붙어 다른 사람의 일이나 상황에 대해 추측함을 나타낸다. 자신의 의견이나 생각을 근거로 추측할 때 사용한다. -겠- is attached to an adjective, a verb, or 이다 to indicate speculation about other people's actions or situations based on one's opinion or reasoning.

2 질문에 알맞은 대답을 찾아 써 보세요. 그리고 맞는지 들어 보세요.

Match the questions and answers. Then listen to check your answers.

42

(1) 어머니께서 요즘 편찮으세요. ⓐ
(2) 어제 넘어져서 다리를 다쳤어요. ______
(3) 왜 이렇게 얇게 입었어요? 춥겠어요. ______
(4) 제가 다음 학기에 장학금을 받게 됐어요. ______
(5) 지난 주말에 친구들이랑 콘서트에 갔어요. ______

ⓐ 그래요? 걱정이 많이 되겠어요.
ⓑ 많이 아팠겠어요. 지금은 괜찮아요?
ⓒ 축하해요. 부모님이 기뻐하시겠어요.
ⓓ 즐거웠겠어요. 다음에는 저도 같이 가요.
ⓔ 나올 때 날씨가 춥지 않아서 얇게 입었어요.

3 다음 상황에 대해 추측해서 말해 보세요.

Provide your guesses about the situations below.

(1) 오늘 시험이 끝났다

(2) 날씨가 많이 흐리다

(3) 오늘 아침을 못 먹었다

(4) 숙제가 많아서 늦게 잤다

(5) 지난주에 에어컨이 고장났다

(6) 어제 예약을 안 하고 유명한 식당에 갔다

A 오늘 시험이 끝났어요.
B 기분이 좋겠어요.

4 상황을 듣고 그 상황에 대해 추측해서 말해 보세요. 그리고 서로 말한 내용을 써 보세요.

Listen to the situation that your partner describes and guess what those situations are. Then write the described situations and your guesses in the chart.

A 지금 밖에 눈이 많이 와요.
B 길이 미끄럽겠어요.

상황	추측
지금 밖에 눈이 많이 와요.	길이 미끄럽겠어요.
친한 친구가 고향에 돌아가요.	
여행지에서 지갑을 잃어버렸어요.	

듣고 말하기 Listening and speaking

1 **다음은 사람들이 여행할 때 경험하는 일들이에요. 여행에서 무슨 경험을 했는지 말해 보세요.**
Below is what people experience while traveling. What happened to these people?

2 **지유와 리카의 대화예요. 잘 듣고 물음에 답해 보세요.**
Listen to the conversation between Jiyu and Rika and answer the questions.

43

(1) 들은 내용과 같으면 ○, 다르면 ×로 표시해 보세요.
Mark ○ if it is true, × if it is false.

① 리카는 여행을 가려고 짐을 싸고 있어요. (　　)
② 지유는 작년에 여행지에서 아파서 고생했어요. (　　)
③ 두 사람은 내일 여행 갈 거예요. (　　)

(2) 리카가 오늘 무엇을 할지 맞는 것을 골라 보세요.
Choose what Rika plans to do today.

① 병원에 갈 거예요.
② 공항에 갈 거예요.
③ 여행자 보험을 들 거예요.

3 **브루나와 제이슨의 대화예요. 잘 듣고 물음에 답해 보세요.**
Listen to the conversation between Bruna and Jason and answer the questions.

44

(1) 제이슨이 여행에서 있었던 일로 맞는 것을 골라 보세요. Choose the true statement about Jason's trip.

① 맛있는 음식도 먹고 여러 곳을 구경했어요.
② 공항에서 세 시간 후에 다음 비행기를 탔어요.
③ 여행지에서 쇼핑을 많이 했어요.

(2) 제이슨은 왜 비행기를 못 탔어요?
Why couldn't Jason get on the plane?

4 다음과 같이 여행 경험에 대해 대화해 보세요.

Practice this conversation about travel experiences by using the words provided below.

수빈 레아 씨, 경주에 잘 다녀왔어요?

레아 네. 시내에서 쇼핑도 하고 유명한 공연도 봤어요.

수빈 숙소는 어땠어요?

레아 숙소는 나쁘지 않았지만 시내까지 너무 멀었어요.

수빈 정말요? 불편했겠어요.

레아 네. 그렇지만 기억에 남는 여행이었어요.

(1)	(2)	(3)	(4)
시내에서 쇼핑하고	해돋이도 보고	박물관도 가고	
유명한 공연도 봤다	호숫가도 산책했다	유적지도 구경했다	
숙소	날씨	유적지	
나쁘지 않았지만	맑았지만	좋았지만	
시내까지 너무 멀었다	좀 추웠다	많이 걸어야 했다	
불편했다	고생했다	힘들었다	

발음 Pronunciation

1. 잘 듣고 맞는 것에 ✓표 해 보세요.

Listen carefully and check(✓) the box with the correct answer.

45

(1) 해돋이 [□ 해도지, □ 해도디]

(2) 등받이 [□ 등바디, □ 등바지]

(3) 밑이 [□ 미티, □ 미치]

(4) 같이 [□ 가치, □ 가티]

구개음화 Palatalization

받침 'ㄷ, ㅌ'은 '이' 앞에서 [ㅈ], [ㅊ]로 발음한다.

The final consonants ㄷ, ㅌ are pronounced as [ㅈ] and [ㅊ] in front of 이.

맏이 [마지]　　끝이 [끄치]　　바깥이 [바까치]

2. 잘 듣고 따라 해 보세요.

Listen carefully and repeat the following sentences.

46

(1) 이 문은 미닫이문이에요.

(2) 굳이 가야 해요?

(3) 오늘은 햇볕이 좋아요.

(4) 여기에 안내문을 붙이세요.

2 아르바이트를 한 적이 있어요
I have worked part-time

어휘와 표현 Vocabulary and expressions

1 다음은 사람들의 직업이에요. 그림에 맞는 어휘를 소리 내서 읽어 보세요.
The pictures illustrate various jobs. Match the words with the pictures. Then read them aloud.

① 교수	② 군인	③ 공무원	④ 변호사
⑤ 소방관	⑥ 소설가	⑦ 승무원	⑧ 외교관
⑨ 통역사	⑩ 디자이너	⑪ 아나운서	⑫ 엔지니어

2 위의 그림을 보면서 이 사람들의 직업이 무엇인지 친구와 이야기해 보세요.
Look at the pictures above. Ask and answer questions about each person's job.

이 사람은 직업이 뭐예요?

교수예요.

문법 Grammar

1 다음을 듣고 대화를 읽어 보세요. 제이슨은 방학에 무엇을 했어요?

Listen and read the conversation. What did Jason do on vacation?

47

V-은 적이 있다/ㄴ 적이 있다

A 불고기를 먹은 적이 있어요?
B 네. 미국에 있는 한국 식당에서 먹었어요.

A 휴대 전화를 잃어버린 적 있어요?
B 아니요. 한 번도 잃어버린 적 없어요.

A 한복을 입은 적이 있어요?
B 네. 한복을 입은 적이 있어요.

A 수빈 씨, 어릴 때 외국에서 살았어요?
B 네. 일본에서 산 적이 있어요.

'-은 적이 있다/ㄴ 적이 있다'는 동사에 붙어 과거에 경험한 일을 말할 때 사용한다. 부정 표현은 '-은 적이 없다/ㄴ 적이 없다'이다. -은 적이 있다/ㄴ 적이 있다 is attached to a verb to indicate a past experience. The negative form is –은 적이 없다/ㄴ 적이 없다.

받침 ○ + 은 적이 있다

받침 ×, ㄹ + ㄴ 적이 있다

2 질문에 알맞은 대답을 찾아 써 보세요. 그리고 맞는지 들어 보세요.

Match the questions and answers. Then listen to check your answers.

48

(1) 혼자 여행한 적이 있어요? ___ⓔ___
(2) 제이슨 씨, 이 노래 알아요? ______
(3) 상진 씨, 중국어를 배웠어요? ______
(4) 한국 음식을 만들 수 있어요? ______
(5) 한국 소설을 읽은 적이 있어요? ______

ⓐ 네. 중국어를 배운 적 있어요.
ⓑ 아니요. 아직 읽은 적이 없어요.
ⓒ 네. 이 노래를 몇 번 들은 적 있어요.
ⓓ 네. 문화 수업에서 비빔밥을 만든 적이 있어요.
ⓔ 아니요. 그런데 기회가 있으면 혼자 여행해 보고 싶어요.

3 학생 A와 학생 B가 되어 학교생활과 취미 생활에 대해 말해 보세요. 그리고 친구의 대답을 듣고 □에 ✓표 해 보세요.

With student B, ask and answer questions about school life and hobbies. Then mark his/her answers with a check(✓).

학생 A

학생 B p.144 >

학교생활

이름: 레아 국적: 프랑스

	네	아니오
(1) 동아리를 했어요?	☑	□
(2) 장학금을 받았어요?	☑	□
(3) 선생님에게 혼났어요?	□	□
(4) 학교에 가기 싫어서 안 갔어요?	□	☑

A 레아 씨는 동아리를 한 적이 있어요?

B 네. 동아리를 한 적이 있어요.

취미 생활

이름: 샤오동 국적: 중국

	네	아니오
(5) 악기를 배웠어요?	□	□
(6) 팬클럽에 가입했어요?	☑	□
(7) 가구를 만들었어요?	□	□
(8) 같은 영화를 여러 번 봤어요?	☑	□

4 한국에서 생활하면서 어떤 경험을 했는지 친구와 묻고 대답해 보세요. 그리고 묻고 답한 내용을 써 보세요.

Ask your partner about experiences he/she has had while living in Korea. Then write your questions and his/her answers in the chart.

A 다니엘 씨, 제주도에 간 적이 있어요?

B 아니요. 제주도에 간 적이 없어요.

질문	대답
제주도에 간 적이 있어요?	제주도에 간 적이 없어요.
닭갈비를 먹은 적이 있어요?	
버스를 잘못 탄 적이 있어요?	

읽고 말하기 Reading and speaking

1 **다음 그림을 보세요. 이 사람이 어떤 회사에 지원하고 싶은지 말해 보세요.**
Look at the picture. Talk about the company this person wants to apply for.

자기소개서

저는 이화화장품에 지원한 레아 브누아입니다. 프랑스 사람입니다. 지금 한국에서 한국어를 배우고 있습니다. 이화화장품을 프랑스에 알리는 일을 하고 싶어서 지원하게 되었습니다.

저는 프랑스에서 대학교에 다닐 때부터 화장품에 관심이 많았습니다. 그래서 파리에 있는 화장품 회사에서 인턴사원으로 일한 적이 있습니다. 매장에서 화장품도 판매해 봤고 회사 블로그에 그 회사의 화장품을 소개하는 글을 쓴 적도 있습니다.

한국의 화장품은 프랑스의 화장품과 다른 매력이 있습니다. 한국의 화장품은 가격도 저렴하고 품질도 좋습니다. 그래서 이화화장품을 프랑스에 알리는 일을 꼭 해 보고 싶습니다.

2 **위의 글은 자기소개에 대한 내용이에요. 읽고 답해 보세요.**
The passage above is a self-introduction for a job. Read and answer the questions.

(1) 레아가 인턴사원 때 한 일로 맞지 <u>않는</u> 것을 골라 보세요.
Choose the incorrect picture about what Léa did as an intern.

①

②

③

(2) 읽은 내용과 같으면 ○, 다르면 ×로 표시해 보세요.
Mark ○ if it is true, × if it is false.

① 레아는 지금 회사에서 일을 합니다. (　　　)
② 레아는 한국에서 대학교를 다녔습니다. (　　　)
③ 한국의 화장품은 프랑스의 화장품과 비슷합니다. (　　　)

+ 더 알아보기

V-아 보다/어 보다(경험)
동사에 붙어 어떤 행위를 경험함을 나타낸다. 주로 과거형으로 쓰인다.
It is attached to a verb to indicate that one has once tried or experienced something. It is usually used in the past tense.

예) 부산에 가 봤어요.
한국 음식을 만들어 봤어요.

3 역할극을 해 보세요.

Do a roleplay.

(1) 타나펀과 건우가 아르바이트 경험에 대해 이야기하고 있어요. 여러분이 타나펀과 건우가 되어 대화해 보세요.
Thanaporn and Gunwoo are talking about their part-time job experiences. Roleplay as Thanaporn and Gunwoo.

타나펀

아르바이트 경험을 묻고 궁금한 아르바이트에 대해 물어보세요.

Ask Gunwoo about his part-time job experiences.

건우

아르바이트 경험에 대해 타나펀의 질문에 대답해 보세요.

Answer Thanaporn's questions about your part-time job experiences.

아르바이트를 한 적이 있어요? → 무슨 아르바이트를 해 봤어요? → 그 아르바이트는 어때요?

기능 표현 아르바이트 경험에 대해 묻고 답하기 Asking and answering about the part-time job experience

A 무슨 아르바이트를 해 봤어요? / 무슨 아르바이트를 한 적이 있어요? / 무슨 아르바이트 해 본 적이 있어요?

B 통역 아르바이트를 해 봤어요. / 통역 아르바이트를 한 적이 있어요. / 통역 아르바이트를 해 본 적이 있어요.

타나펀 건우 씨, 아르바이트를 한 적이 있어요?

건우 네. 저는 아르바이트를 많이 했어요.

타나펀 그래요? 무슨 아르바이트를 해 봤어요?

건우 한국어를 영어로 통역하는 아르바이트를 해 본 적이 있어요. 그리고 식당하고 카페에서도 일해 봤어요. 타나펀 씨도 아르바이트를 해 봤어요?

타나펀 저도 카페에서 일한 적이 있어요. 그런데 통역 아르바이트는 어땠어요?

건우 통역을 준비하는 게 어려웠지만 좋은 경험이 됐어요.

(2) 여러분의 아르바이트 경험에 대해 대화해 보세요.
Talk about your part-time job experiences.

3 한국에 있는 동안 뭐 하고 싶어요?

What do you want to do while staying in Korea?

문법 Grammar

1 다음을 읽어 보세요. 이 사람은 언제 여행을 하고 싶어요?

Read the following. When does this person want to travel?

저는 작년에 한국어를 배우러 한국에 왔습니다. 한국에서 친구를 많이 사귀었습니다. 한국에서 지내는 동안 친구들과 여행을 많이 하고 싶습니다.

V-는 동안(에)

A 리카 씨가 과일을 씻는 동안에 제가 차를 준비할게요.
B 고마워요. 브루나 씨.

A 영화를 보는 동안에 휴대 전화를 꺼 주세요.
B 네. 알겠어요.

A 늦어서 미안해요.
B 아니에요. 기다리는 동안 책을 봤어요.

A 한국에 사는 동안에 뭐 하고 싶어요?
B 전통 춤을 배우고 싶어요.

-는 동안(에)'는 동사나 '있다, 없다, 계시다'에 붙어 어떤 행위가 계속되는 시간을 나타낼 때 사용한다.

-는 동안(에) is attached to a verb or 있다, 없다, 계시다 to indicate the duration of an action.

2 질문에 알맞은 대답을 찾아 써 보세요. 그리고 맞는지 들어 보세요.

Match the questions and answers. Then listen to check your answers.

49

(1) 고향에서 뭐 했어요? ⓑ
(2) 지하철에서 보통 뭐 해요? ______
(3) 언제 음식을 만들 거예요? ______
(4) 『새 이화 한국어』가 어디에 있어요? ______
(5) 제가 수업을 듣는 동안 뭐 할 거예요? ______

ⓐ 아기가 자는 동안에 요리를 할 거예요.
ⓑ 고향에 있는 동안 친구들을 많이 만났어요.
ⓒ 카페에 있을게요. 수업이 끝나면 연락 주세요.
ⓓ 지하철을 타고 가는 동안 휴대 전화로 영상을 봐요.
ⓔ 제가 찾아 드릴게요. 찾는 동안 잠시만 기다려 주세요.

3 다음을 보고 '-는 동안(에)'를 사용해서 빈칸에 써 보세요.

Look at the following pictures and write in the blanks using –는 동안(에).

(1) 교통편을 알아보다 / 숙소를 찾아보다 — 올가가 교통편을 알아보는 동안에 샤니가 숙소를 찾아보고 있어요.

(2) 방을 청소하다 / 설거지를 하다 — 올가가 ______________________ 샤니가 설거지를 해요.

(3) 스파게티를 만들다 / 샐러드를 만들다 — 올가가 ______________________ 샤니가 샐러드를 만들어요.

(4) 책을 읽다 / 숙제하다 — 올가가 도서관에서 ______________________ 샤니가 숙제를 하고 있어요.

(5) 염색하다 / 머리를 자르다 — 올가가 미용실에서 ______________________ 샤니가 ______________________.

4 다음 상황에서 무엇을 하는지 친구와 묻고 대답해 보세요. 그리고 묻고 답한 내용을 써 보세요.

Ask your partner about what he/she does in the following situations. Then write your questions and his/her answers in the chart.

친구를 기다리는 동안에 뭐 해요?

친구를 기다리는 동안 음악을 들어요.

질문	대답
친구를 기다리는 동안에 뭐 해요?	친구를 기다리는 동안 음악을 들어요.
주말에 집에 있는 동안에 뭐 해요?	
비행기를 타고 가는 동안에 뭐 해요?	

듣고 말하기 Listening and speaking

1 **다음은 사람들이 한국에서 하고 싶은 일이에요. 무엇을 하고 싶은지 말해 보세요.**

Look at the pictures. Talk about what people want to do while staying in Korea.

2 **브루나와 제이슨의 대화예요. 잘 듣고 물음에 답해 보세요.**

Listen to the conversation between Bruna and Jason and answer the questions.

50

(1) 제이슨이 한국에서 한 일로 맞지 <u>않는</u> 것을 골라보세요.

Choose the incorrect picture about Jason.

①

②

③

(2) 한국 생활에 대해 들은 내용과 같으면 ○, 다르면 ×로 표시해 보세요.

Mark ○ if it is true, × if it is false.

① 제이슨은 다음 달에도 한국어를 공부해요. (　　)

② 제이슨은 한국에서 반년 동안 살았어요. (　　)

③ 브루나는 좋아하는 가수의 사인을 받은 적이 있어요. (　　)

(3) 제이슨은 왜 한국어 말하기 대회에 나가지 못했어요?

Why could not Jason participate in the Korean speech contest?

3 한국에서 지내는 동안 하고 싶은 일에 대해 이야기해 보세요.
Talk about your plans during your stay in Korea.

(1) 여러분이 한국에서 하고 싶은 일에 대해 써 보세요.
Write about what you want to do while staying in Korea.

이름	한국에서 하고 싶은 일	
샤오동	새해 첫날 정동진에 해돋이를 보러 가고 싶어요.	한국의 전통 악기를 배우고 싶어요.
나		
친구 1 ______		
친구 2 ______		

(2) 친구들이 한국에 있는 동안 하고 싶은 일에 대해 물어보고 친구들의 대답을 위의 표에 써 보세요.
Ask your classmates about their plans while staying in Korea and write their answers in the chart above.

A 한국에 있는 동안 뭘 하고 싶어요?
B 저는 새해 첫날 정동진에 해돋이를 꼭 보러 가고 싶어요.

(3) 3~4명씩 모이세요. 한국에서 하고 싶은 일에 대해 이야기하고 꼭 하고 싶은 일 세 가지를 써 보세요.
In groups of three to four, discuss what you want to do in Korea, and then write down three choices made by your group members.

한국에서 지내는 동안 뭘 하고 싶어요?

왜 하고 싶어요?

한국에서 뭘 하고 싶어요?

*
*
*

(4) 팀에서 이야기한 한국에서 꼭 하고 싶은 일 세 가지를 발표해 보세요.
Present three activities that your group chose.

한국에서 지내는 동안 하고 싶은 일 세 가지를 발표하겠습니다. 첫째는 새해 첫날 정동진에 해돋이를 보러 가는 것입니다. 우리는 모두 정동진에 가 본 적이 없습니다. …… 한국에서 이 세 가지를 꼭 해 보고 싶습니다.

읽고 쓰기 Reading and writing

1 **다음 그림을 보세요. 리카는 콘서트에 가서 무엇을 경험했는지 말해 보세요.**
Look at the picture. Talk about what Rika experienced at the concert.

지난달에 제가 가장 좋아하는 한국 가수가 서울에서 콘서트를 했습니다. 그래서 친구하고 콘서트에 갔습니다. (Ⓐ) 우리는 공연 시작 전에 공연장 앞에서 같이 사진을 찍고 반짝반짝하는 응원 봉을 샀습니다. 기념 티셔츠도 사고 싶었지만 다 팔려서 살 수 없었습니다.

공연 시간이 돼서 공연장에 들어갔습니다. 음악이 연주되고 가수가 멋있게 등장했습니다. (Ⓑ) 사람들이 응원 봉을 흔들었습니다. 응원 봉 불빛이 노란색, 빨간색으로 바뀌었습니다. 아주 예뻤습니다. 또 사람들이 가수와 함께 큰 소리로 노래를 불렀습니다. 어떤 부분은 따라 부르고 어떤 부분은 부르지 않았습니다. 사람들이 미리 연습한 것처럼 노래를 따라 불렀습니다. (Ⓒ) 이 모습이 정말 신기했고 지금도 기억에 남습니다.

2 **위의 글은 리카의 공연 관람에 대한 내용이에요. 읽고 답해 보세요.**
The passage above is about Rika's experience of watching a concert. Read and answer the questions.

(1) 리카는 공연장 앞에서 무엇을 했어요? What did Rika do in front of the concert venue?

① ______________________

② ______________________

(2) 읽은 내용과 같으면 ○, 다르면 ×로 표시해 보세요. Mark ○ if it is true, × if it is false.

① 리카는 친구와 함께 공연을 보러 갔습니다. (   )
② 리카는 기념 티셔츠를 샀습니다. (   )
③ 사람들은 처음부터 끝까지 노래를 따라 불렀습니다. (   )

(3) 다음 문장이 들어갈 알맞은 곳을 골라 보세요. Choose the appropriate place for the following sentence.

공연장 주변에 사람들이 정말 많았습니다.

① Ⓐ   ② Ⓑ   ③ Ⓒ

3 여러분이 한국에서 한 특별한 경험에 대한 글을 써 보세요.

Write about a special experience you had in Korea.

(1) 다음 질문을 보고 메모해 보세요.
Write a note about the following questions.

언제, 어디에 갔습니까?

거기에서 무엇을 했습니까?

왜 그 경험이 기억에 남습니까?

(2) 위의 메모를 바탕으로 한국에서 한 특별한 경험에 대한 글을 써 보세요.
Based on the notes above, write about a special experience you had in Korea.

문화 Culture | 강릉 Gangneung

준비하기

- 다음은 강릉에서 유명한 장소예요. 강릉에 가면 무엇을 할 수 있을까요?
  Below are famous attractions in Gangneung. What activities can you enjoy in this city?

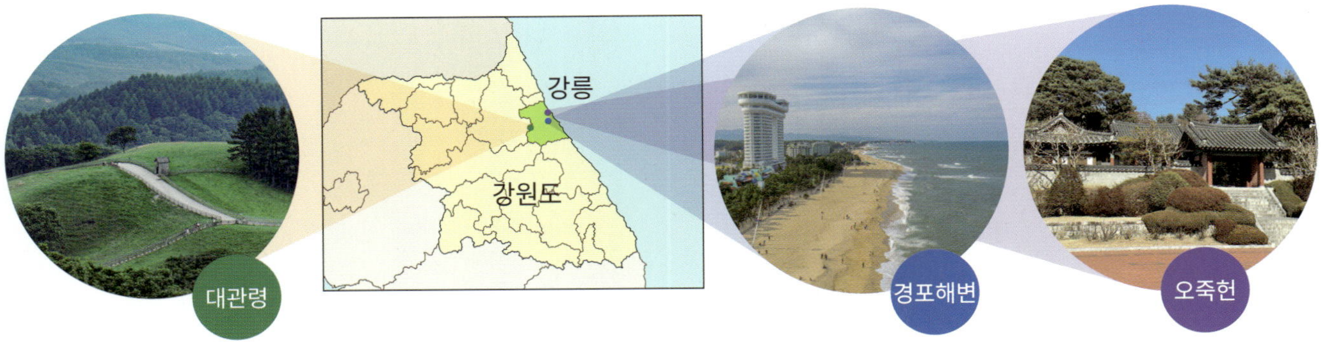

알아보기

- 강릉은 한국의 강원도에 있는 도시로, 한국에서 가장 큰 산맥인 태백산맥 동쪽 가운데에 있어요. 동쪽에는 동해, 서쪽에는 1,000m 이상의 높은 산에 접하고 있어서 경포해변, 대관령 등과 같이 아름다운 바다와 산의 경치를 보고 즐길 수 있어요. 또한 오죽헌 등과 같이 역사적인 장소도 있어서 한국의 전통과 멋을 경험할 수도 있어요.
  Gangneung is a city in Gangwon Province, South Korea, located in the eastern part of the Taebaek Mountain Range, which is the largest mountain range in Korea. It is bordered by the East Sea to the east and high mountains of over 1,000 meters to the west. It offers beautiful scenery of both the sea, such as Gyeongpo Beach, and the mountains, such as Daegwallyeong. Gangneung is also home to historical sites like Ojukheon, where you can immerse yourself in Korean traditions and culture.

강릉 커피거리

대관령 양떼목장

생각해 보기

- 여러분은 강릉에서 뭘 하고 싶은지 이야기해 보세요.
  Talk about what you would like to do in Gangneung.
- 여러분은 한국에서 여행을 간다면 어디에 가 보고 싶은지 이야기해 보세요.
  Talk about where you would like to visit if you have an opportunity to travel in Korea.

어휘와 표현 확인
Vocabulary and expressions check

의미를 아는 어휘나 표현에 ✓표 해 보세요.
Check(✓) the vocabulary or expressions that you know.

1 정말 재미있겠어요

- □ 여행지 정보를 찾아보다 — to search for information about a travel destination
- □ 교통편을 예약하다 — to book transportation
- □ 숙소를 정하다 — to choose accommodation
- □ 일정을 짜다 — to plan an itinerary
- □ 여행자 보험을 들다 — to purchase travel insurance
- □ 상비약을 챙기다 — to pack emergency medicine
- □ 짐을 싸다 — to pack luggage
- □ 탑승 수속을 하다 — to check in
- □ 짐을 부치다 — to send check-in luggage
- □ 야근하다 — to work overtime
- □ 편찮다 — to be ill (honorific)
- □ 에어컨 — air conditioner
- □ 미끄럽다 — to be slippery
- □ 다녀오다 — to go and come back
- □ 병이 나다 — to get sick
- □ 비행기를 놓치다 — to miss one's flight
- □ 항공사 — airline
- □ 직원 — staff
- □ 고생하다 — to suffer from
- □ 해돋이 — sunrise
- □ 유적지 — historical site

2 아르바이트를 한 적이 있어요

- □ 교수 — professor
- □ 군인 — military personnel
- □ 공무원 — civil servant
- □ 변호사 — lawyer
- □ 소방관 — firefighter
- □ 소설가 — novelist
- □ 승무원 — flight attendant
- □ 외교관 — diplomat
- □ 통역사 — interpreter
- □ 디자이너 — designer
- □ 아나운서 — announcer
- □ 엔지니어 — engineer
- □ 외국 — foreign country
- □ 기회 — opportunity
- □ 혼나다 — to be scolded
- □ 잘못 — incorrectly
- □ 팬클럽 — fan club
- □ 지원하다 — to apply
- □ 인턴사원 — intern
- □ 매장 — shop
- □ 판매하다 — to sell
- □ 블로그 — blog
- □ 매력 — charm
- □ 저렴하다 — to be cheap
- □ 품질 — quality

3 한국에 있는 동안 뭐 하고 싶어요?

- □ 설거지하다 — to do the dishes
- □ 샐러드 — salad
- □ 아쉽다 — to be disappointed
- □ 나가다 — to participate
- □ 팬사인회 — autograph event
- □ 사인을 받다 — to get one's autograph
- □ 반년 — half a year
- □ 정동진 — Jeongdongjin
- □ 공연장 — concert venue
- □ 반짝반짝하다 — to be shiny
- □ 응원 봉 — cheering stick
- □ 다 팔리다 — to be sold out
- □ 연주되다 — to be played
- □ 등장하다 — to appear
- □ 바뀌다 — to change
- □ 신기하다 — to be amazing
- □ 미리 — in advance

6 단원 Unit

공공장소
Public places

1 여권이 없는데 통장을 만들 수 있어요?
Can I create a bank account without a passport?

- 은행 업무
  Vocabulary and expressions: Tasks at the bank
- A-은데/ㄴ데
  V-는데
  Grammar: A-은데/ㄴ데
  V-는데
- 공공 서비스 이용에 대해 듣고 말하기
  Listening and speaking about using public services

* 비음화 ②
  Pronunciation: Nasalization ②

2 여기에 앉아도 돼요
You can sit here

- 공공 예절
  Vocabulary and expressions: Public manners
- V-아도 되다/어도 되다
  Grammar: V-아도 되다/어도 되다
- 공공 예절에 대해 읽고 말하기
  Reading and speaking about public manners

3 기숙사에 친구를 데려오면 안 돼요
You should not bring your friends to the dormitory

- V-으면 안 되다/면 안 되다
  Grammar: V-으면 안 되다/면 안 되다
- 규칙에 대해 듣고 말하기
  Listening and speaking about following rules
- 규칙을 어긴 경험담 읽고 쓰기
  Reading and writing about experiences of rule violations

문화 | 웃어른에 대한 예절
Culture: Etiquette for elders

1

2

3

다음 표현에 알맞은 사진을 찾아서 번호를 써 보세요.

Match the expressions with the pictures and write the number in the box.

- ☐ 줄을 서요.
- ☐ 의자를 발로 차요.
- ☐ 저울 위에 올리세요.

1 여권이 없는데 통장을 만들 수 있어요?
Can I create a bank account without a passport?

어휘와 표현 Vocabulary and expressions

1 **다음은 은행에서 하는 일이에요. 그림에 맞는 표현을 소리 내서 읽어 보세요.**
The pictures illustrate tasks at the bank. Match the expressions with the pictures. Then read them aloud.

① 서명해요	② 저금해요	③ 환전해요
④ 돈을 보내요	⑤ 통장을 만들어요	⑥ 체크 카드를 신청해요
⑦ 비밀번호를 눌러요	⑧ 돈을 찾아요	⑨ 번호표를 뽑아요

2 **위의 그림을 보면서 은행에서 무엇을 하는지 친구와 묻고 대답해 보세요.**
Look at the pictures above. Ask and answer questions about tasks at the bank.

지금 뭐 하고 있어요?

서명하고 있어요.

문법 Grammar

1 **대화를 듣고 다음 질문에 알맞은 답을 골라 보세요.**

Listen to the conversations. Then choose the correct answer to each question.

51

(1) 어제 뭐 했어요?

①

②

(2) 샤오동은 지금 뭐가 없어요?

①

②

A-은데/ㄴ데
V-는데

A 짐이 많은데 좀 도와주시겠어요?
B 네. 도와드릴게요.

A 지금 어디에서 살아요?
B 원룸에서 사는데 편하고 좋아요.

A 요즘 한국어를 배워요?
B 네. 지난달부터 배우는데 정말 재미있어요.

A 샤오동 씨, 무슨 걱정이 있어요?
B 다음 주부터 시험인데 공부를 하나도 못 했어요.

'-은데/ㄴ데/는데'는 형용사, 동사, '이다'에 붙어 뒤 절의 사실에 대해 앞 절이 배경이 되거나 상관되는 상황이 됨을 나타낼 때 사용한다. '있다, 없다'는 '-는데'를 쓴다. 그리고 형용사, 동사, '이다'의 과거는 '-았는데/었는데'를 쓴다.

'-은데/ㄴ데/는데' is attached to an adjective, a verb, or 이다 to indicate that the previous clause is the background or related situation for the later clause. Its past form is -았는데/었는데. For 있다 and 없다, -는데 is used.

현재	A:	받침 ○ + 은데	받침 ×, ㄹ + ㄴ데	
	V:	받침 ○, ×, ㄹ + 는데		이다 → 인데
과거	A/V:	ㅏ, ㅗ + 았는데	ㅏ, ㅗ 외의 모음 + 었는데	이다 → 이었는데/였는데

2 **질문에 알맞은 대답을 찾아 써 보세요. 그리고 맞는지 들어 보세요.**

Match the questions and answers. Then listen to check your answers.

52

(1) 타나펀 씨, 이 영화 봤어요? ___ⓓ___
(2) 내일 생일인데 뭐 할 거예요? ______
(3) 북한산에 가 본 적이 있어요? ______
(4) 샤니 씨, 어제 골프 재미있었어요? ______
(5) 날씨가 추운데 두꺼운 옷을 입는 게 어때요? ______

ⓐ 네. 처음 해 봤는데 재미있었어요.
ⓑ 밖이 추워요? 그럼 코트를 입을게요.
ⓒ 친구들이랑 내일 저녁을 먹을 거예요.
ⓓ 아니요. 보고 싶은데 아직 못 봤어요.
ⓔ 네. 작년 가을에 갔는데 단풍이 정말 멋있었어요.

3 레아가 어떤 사람인지 말해 보세요.

Ask and answer about Léa with the following information.

(1) 평일은 바쁘다

주말에는 시간이 있다

(2) 프랑스 사람이다

한국어도 잘하고 영어도 잘하다

(3) 책을 많이 읽다

특히 소설책을 좋아하다

(4) 한국 음식을 좋아하다

비빔밥을 제일 좋아하다

(5) 한국 남자 친구가 있다

그 사람하고 다음 달에 결혼하다

(6) 지난 학기에 기숙사에서 살았다

룸메이트가 리카였다

A 레아는 평일에 바빠요?

B 네. 평일은 바쁜데 주말에는 시간이 있어요.

4 상황을 말하면서 친구에게 부탁을 해 보세요. 그리고 상황과 부탁한 내용을 써 보세요.

Explain the situation, and ask your partner a favor. Then write the situation and your request below.

A 타나펀 씨, 교실이 더운데 창문을 좀 열어 줄 수 있어요?

B 네. 제가 열어 줄게요.

상황	부탁
교실이 더워요.	교실이 더운데 창문을 좀 열어 줄 수 있어요?
필통을 안 가져왔어요.	
우체국에 가는 길을 몰라요.	

듣고 말하기 Listening and speaking

1 다음은 공공장소예요. 사람들이 왜 이곳을 방문하는지 말해 보세요.
Below are pictures of public places. Talk about why people visit each place.

2 은행 직원과 레아의 대화예요. 잘 듣고 물음에 답해 보세요.
Listen to the conversation between a bank clerk and Léa and answer the questions.

53

(1) 레아는 왜 은행에 갔어요? Why did Léa go to the bank?

____

(2) 들은 내용과 같으면 ◯, 다르면 ×로 표시해 보세요.
Mark ◯ if it is true, × if it is false.

① 레아는 여권과 외국인등록증을 주었어요. (　　)

② 먼저 비밀번호를 누르고 신청서에 서명했어요. (　　)

③ 체크 카드는 오늘부터 사용할 수 있어요. (　　)

3 샤오동과 타나펀의 대화예요. 잘 듣고 물음에 답해 보세요.
Listen to the conversation between Xiaodong and Thanaporn and answer the questions.

54

(1) 타나펀이 비자 연장하러 갈 때 준비해야 할 것을 <u>모두</u> 골라 보세요.
Choose all the things Thanaporn needs for extending her visa.

① 도장　② 사진　③ 여권

④ 학생증　⑤ 재학 증명서　⑥ 외국인등록증

(2) 타나펀이 오늘 수업 후에 무엇을 할 건지 맞는 것을 골라 보세요.
Choose what Thanaporn is going to do after class.

①

②

③

4 다음과 같이 우체국에서의 우편물 발송에 대해 대화해 보세요.

Practice this conversation about mailing at the post office by using the words provided below.

직원 어서 오세요. 뭘 도와드릴까요?

제이슨 미국 시애틀로 서류를 부치려고 하는데요.

직원 일반 우편하고 빨리 가는 국제 특급 우편(EMS)이 있는데 뭐로 보내시겠어요?

제이슨 가격이 어떻게 돼요?

직원 여기 저울 위에 올려 보세요. 일반 우편은 27,000원이고 국제 특급 우편은 43,000원이에요. 일반 우편으로 보내시면 3주일 이상 걸리고 국제 특급 우편으로 보내시면 일주일 정도 걸려요.

제이슨 그럼 국제 특급 우편으로 보낼게요.

(1)	(2)	(3)	(4)
미국 시애틀로	태국 방콕으로	프랑스 파리로	______
서류를 부치다	카드를 보내다	편지를 보내다	______
27,000원, 43,000원	4,000원, 15,000원	16,000원, 32,000원	______
3주일 이상, 일주일	2주일 이상, 5일	한 달 이상, 2주일	______
국제 특급 우편	일반 우편	국제 특급 우편	______

발음 Pronunciation

1. 잘 듣고 맞는 것에 ✓표 해 보세요.

Listen carefully and check(✓) the box with the correct answer.

55

(1) 입는 [□ 입는, □ 임는]

(2) 잡는데 [□ 잠는데, □ 잡는데]

(3) 값만 [□ 감만, □ 갑만]

(4) 삼십 명 [□ 삼십명, □ 삼심명]

비음화 ② Nasalization ②

받침소리 [ㅂ]은 뒤에 'ㄴ'이나 'ㅁ'이 오면 [ㅁ]으로 발음한다.

The final consonant sound [ㅂ] is pronounced as [ㅁ] when ㄴ or ㅁ comes after it.

굽는 [굼는] 없는데 [엄는데] 십만 [심만] 엽문 [염문]

2. 잘 듣고 따라 해 보세요.

Listen carefully and repeat the following sentences.

56

(1) 앞날이 기대돼요.

(2) 방법만 알면 쉬워요.

(3) 내일이 월급날이에요.

(4) 연습 문제를 한번 해 보세요.

2 여기에 앉아도 돼요
You can sit here

어휘와 표현 Vocabulary and expressions

1 **다음은 공공 예절을 지키지 않는 사람들의 모습이에요. 그림에 맞는 표현을 소리 내서 읽어 보세요.**
The pictures illustrate people who do not follow public manners. Match the expressions with the pictures. Then read them aloud.

① 강아지를 데려가요	② 새치기해요	③ 음식물을 가져가요
④ 다른 사람을 밀어요	⑤ 뛰어다녀요	⑥ 그림을 만져요
⑦ 쓰레기를 버려요	⑧ 담배를 피워요	⑨ 큰 소리로 떠들어요

2 **위의 그림을 보면서 공공장소에서 어떤 행동을 하면 안 되는지 공공 예절에 대해 친구와 하나씩 번갈아서 말해 보세요.** Look at the pictures above. Take turns with your partner to tell each other behaviors that are not allowed in public places.

> 새치기하지 마세요.

문법 Grammar

1 다음을 듣고 대화를 읽어 보세요. 제이슨은 지유에게 무엇을 물어봤어요?
Listen and read the conversation. What did Jason ask Jiu?

57

V-아도 되다/어도 되다

A 이 자리에 앉아도 돼요?
B 네. 앉으세요.

A 이 옷을 입어 봐도 돼요?
B 그럼요. 탈의실은 이쪽이에요.

A 이 볼펜 좀 잠깐 써도 돼요?
B 네. 쓰세요.

A 선생님, 오늘까지 숙제를 내야 돼요?
B 아니요. 내일 내도 돼요.

'-아도 되다/어도 되다'는 동사에 붙어 어떤 행위나 상태를 허락하거나 허용함을 나타낼 때 사용한다.
-아도 되다/어도 되다 is attached to a verb to indicate that an action or a state is permitted.

ㅏ, ㅗ + 아도 되다
ㅏ, ㅗ 외의 모음 + 어도 되다

하다 → 해도 되다

2 질문에 알맞은 대답을 찾아 써 보세요. 그리고 맞는지 들어 보세요.
Match the questions and answers. Then listen to check your answers.

58

(1) 이 우산 좀 빌려도 돼요? ⓒ
(2) 교실에서 음식을 먹어도 돼요? ______
(3) 텔레비전을 안 보면 꺼도 돼요? ______
(4) 약속이 있는데 먼저 가도 됩니까? ______
(5) 내일 회의에 갈 때 정장을 꼭 입어야 돼요? ______

ⓐ 네. 먼저 가세요.
ⓑ 아니요. 교실 밖에서 드세요.
ⓒ 쓰세요. 저는 우산이 하나 더 있어요.
ⓓ 아니요. 끄지 마세요. 지금 보고 있어요.
ⓔ 아니요. 정장을 입지 않아도 돼요. 단정하게 입고 오세요.

3 사람들이 무엇을 해도 되는지 말해 보세요.

Ask and answer questions about what people are allowed to do in each situation.

(1) 에어컨을 켜다

(2) 잠깐 들어가다

(3) 이 피자를 먹다

(4) 여기에 주차하다

(5) 화장실에 다녀오다

(6) 이 구두를 신어 보다

A 에어컨을 켜도 돼요?

B 네. 켜세요.

4 공공장소에서 무엇을 해도 되는지 친구와 묻고 대답해 보세요. 그리고 친구의 대답을 써 보세요.

Ask your partner about what is allowed in public places. Then write his/her answers in the chart.

A 다니엘 씨, 축구 경기장에서 뭘 해도 돼요?

B 음식을 먹어도 돼요. 그리고 노래를 불러도 돼요.

공공장소	뭘 해도 돼요?
축구 경기장	음식을 먹어도 돼요. 노래를 불러도 돼요.
비행기	
박물관	

읽고 말하기 Reading and speaking

1 **다음 그림을 보세요. 공연 관람 예절에 대해 말해 보세요.**
Look at the signs below. Talk about theater etiquette.

이화홀 공연 관람 예절

Audience etiquette

❶ 공연 시작 전에 자리에 앉아 주세요.

공연 시작 시간보다 일찍 공연장에 도착해 주세요. 공연 시작 전에 자리에 앉아 주세요. 공연이 시작되면 공연장에 들어갈 수 없습니다.

❷ 공연 중에 휴대 전화를 사용하지 마세요.

휴대 전화의 불빛과 소리는 다른 사람에게 방해가 됩니다. 공연 전에 휴대 전화를 꺼 주시기 바랍니다.

❸ 연주가 끝나면 박수를 쳐 주세요.

클래식 공연은 박수 소리도 관람에 방해가 될 수 있습니다. 연주 중에 박수를 치지 말고 연주가 끝났을 때 박수를 쳐 주시기 바랍니다.

❹ 공연장 안에서 사진을 찍지 마세요.

공연장 밖에서는 사진을 찍어도 되지만 안에서는 찍을 수 없습니다. 쉬는 시간에도 공연장 안에서는 사진 촬영이 불가능합니다.

Ewha Hall

2 **위의 글은 공연 관람 예절에 대한 내용이에요. 읽고 답해 보세요.**
The passage above is about theater etiquette. Read and answer the questions.

(1) 읽은 내용과 같으면 ◯, 다르면 ×로 표시해 보세요.
Mark ◯ if it is true, × if it is false.

① 공연 시작 후에 도착하면 쉬는 시간에 들어가야 합니다. (　　)

② 휴대 전화 불빛이 공연에 방해가 됩니다. (　　)

③ 클래식 공연에서는 연주가 다 끝나고 박수를 쳐야 합니다. (　　)

(2) 사진 촬영에 대한 규칙을 잘 지킨 사람은 누구인지 골라 보세요.
Choose the person who followed the theater etiquette about taking photos.

① 샤오동은 공연이 멋있어서 공연 중에 사진을 찍었습니다.

② 타나펀은 공연 시작 전에 공연장 밖에서 사진을 찍었습니다.

③ 리카는 공연의 쉬는 시간에 공연장 안에서 사진을 찍었습니다.

+ 더 알아보기

A/V-았을 때/었을 때

'-았을 때/었을 때'는 과거의 시간이나 어떤 동작이 완료된 상황을 나타낸다.

It refers to a past time or a situation in which an action has been completed.

예) 집이 멀었을 때는 학교에 다니기가 힘들었어요.
밥을 다 먹었을 때 친구가 왔어요.

3 역할극을 해 보세요.

Do a roleplay.

(1) 브루나와 올가가 영화관에서 있었던 일에 대해 이야기하고 있어요. 여러분이 브루나와 올가가 되어 대화해 보세요. Bruna and Olga are talking about what happened at the movie theater. Roleplay as Bruna and Olga.

브루나

주말에 뭘 했는지, 무슨 일이 있었는지 물어보세요.

Ask Olga about what she did over the weekend and what happened to her.

올가

주말에 간 영화관에서 다른 사람 때문에 기분이 안 좋았던 일에 대해 말해 보세요.

Tell Bruna about the unpleasant thing happened at the movie theater.

여기에 앉아도 될까요? → 주말은 잘 보냈어요? → 무슨 일이 있었어요?

기능 표현 허락 구하고 답하기 Asking permission and answering

A 여기에 앉아도 돼요? / 여기에 앉아도 될까요? / 여기에 앉아도 괜찮아요?

B 네. 앉으세요. / 앉아도 돼요. / 앉아도 괜찮아요.

브루나	올가 씨, 여기에 앉아도 될까요?
올가	네. 앉으세요.
브루나	고마워요. 올가 씨, 주말에 뭐 했어요? 잘 보냈어요?
올가	친구하고 영화 보러 영화관에 갔어요. 그런데 기분이 좀 안 좋았어요.
브루나	왜요? 영화관에서 무슨 일이 있었어요?
올가	영화는 재미있었는데 뒤에 앉은 사람이 발로 제 의자를 찼어요. 그리고 영화 보는 동안 옆 사람하고 계속 이야기를 해서 방해가 됐어요.
브루나	저도 그런 적이 있었어요. 올가 씨, 화가 났겠어요.

(2) 여러분이 공공장소에서 사람들이 공공 예절을 지키지 않아서 방해가 된 경험에 대해 친구와 대화해 보세요.
Talk about when you felt uncomfortable due to people not observing public etiquette.

3 기숙사에 친구를 데려오면 안 돼요
You should not bring your friends to the dormitory

문법 Grammar

1 다음을 읽어 보세요. 도서관에는 어떤 규칙이 있습니까?
Read the following. What kind of rules does the library have?

우리 도서관에는 규칙이 몇 개 있습니다. 도서관에서 음료수는 마셔도 됩니다. 하지만 음식을 먹으면 안 됩니다. 그리고 책을 빌리면 2주일 안에 반납해야 합니다.

V-으면 안 되다/면 안 되다

A 여기에서 사진을 찍어도 돼요?
B 아니요. 사진을 찍으면 안 돼요.

A 여기에 신발을 신고 들어가도 돼요?
B 신발을 신고 들어가면 안 돼요.

A 신촌역에서 내리면 돼요?
B 아니요. 신촌역에서 내리면 안 돼요. 그 다음 역에서 내리세요.

A 수업 시간에 떠들면 안 돼요.
B 죄송해요. 조용히 할게요.

'-으면 안 되다/면 안 되다'는 동사에 붙어 금지나 제한을 나타낼 때 사용한다.
-으면 안 되다/면 안 되다 is attached to a verb to indicate prohibition or restriction.

받침 ○ → 으면 안 되다

받침 ×, ㄹ → 면 안 되다

2 질문에 알맞은 대답을 찾아 써 보세요. 그리고 맞는지 들어 보세요.
Match the questions and answers. Then listen to check your answers.

59

(1) 이 그림을 만져 봐도 돼요? ⓑ
(2) 라면에 물을 더 넣을까요? ______
(3) 카페에 강아지를 데려갈 수 있어요? ______
(4) 아이가 이 놀이 기구를 탈 수 있어요? ______
(5) 신청서를 아직 못 썼는데 내일 내면 안 돼요? ______

ⓐ 괜찮아요. 내일 내세요.
ⓑ 아니요. 만지면 안 돼요.
ⓒ 아니요. 데려오시면 안 됩니다.
ⓓ 아니요. 더 넣으면 안 돼요. 맛이 없어요.
ⓔ 죄송합니다. 키가 작아서 타면 안 됩니다.

3 다음을 보고 '-으면 안 되다/면 안 되다'를 사용해서 빈칸에 써 보세요.

Look at the following pictures and write in the blanks using -으면 안 되다/면 안 되다.

(1)

A 운전할 때 전화해도 돼요?

B 아니요. 전화하면 안 돼요.

(2)

A 산에서 음식을 만들 수 있어요?

B 아니요. ______________________.

(3)

A 선생님께 저녁 늦게 연락해도 돼요?

B 아니요. ______________________.

(4)

A 기숙사에서 고양이를 키울 수 있어요?

B 아니요. ______________________.

(5)

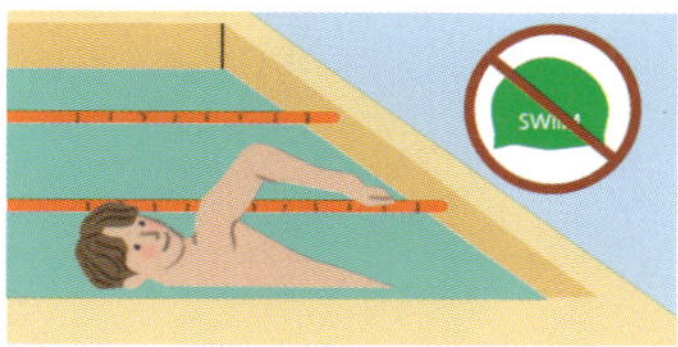

A 수영 모자가 없는데 수영장에서 수영 모자를
안 써도 돼요?

B 아니요. ______________________.

4 공공장소에서 무엇을 하면 안 되는지 친구와 묻고 대답해 보세요. 그리고 친구의 대답을 써 보세요.

Ask your partner about what should not be done in public places. Then write his/her answers in the chart.

다니엘 씨, 병원에서 뭘 하면 안 돼요?

병원에서 담배를 피우면 안 돼요.
그리고 뛰어다니면 안 돼요.

장소	뭘 하면 안 돼요?
병원	담배를 피우면 안 돼요. 그리고 뛰어다니면 안 돼요.
공원	
지하철 안	

듣고 말하기 Listening and speaking

1 **다음은 학교에서 지켜야 하는 규칙이에요. 어떤 것이 있는지 말해 보세요.**
Look at the pictures. Talk about rules to follow at school.

2 **타나펀과 샤니의 대화예요. 잘 듣고 물음에 답해 보세요.**
Listen to the conversation between Thanporn and Shani and answer the questions.

60

(1) 샤니는 왜 기숙사가 좋아요?
Why does Shani like the dormitory?

____

(2) 기숙사의 규칙을 잘 지킨 것으로 맞는 것을 골라 보세요.
Choose the picture that matches the rules of the dormitory.

①

②

③

(3) 들은 내용과 같으면 ◯, 다르면 ×로 표시해 보세요.
Mark ◯ if it is true, X if it is false.

① 타나펀은 기숙사로 이사 가고 싶어요. ( )

② 기숙사 방과 1층 주방에서 음식을 만들 수 있어요. ( )

③ 기숙사 방이 마음에 안 들면 방을 바꿔도 돼요. ( )

3 여러분이 교실에서 지켜야 할 규칙에 대해 이야기해 보세요.

Talk about the rules you should follow in your classroom.

(1) 교실에서 할 수 있는 행동은 뭐예요? 그 행동에 대한 질문을 써 보세요. 그리고 수업 시간과 쉬는 시간에 해도 되는지 친구에게 물어보고 대답을 ◯, ×로 표시해 보세요.

Write questions about behaviors allowed in the classroom. Ask your partner if these behaviors are allowed during class or break time, and mark his/her answers in the chart with ◯ for allowed and × for not allowed.

질문 \ 대답	수업 시간	쉬는 시간
친구에게 전화를 해도 돼요?	×	◯
음식을 먹어도 돼요?		

A 교실에서 친구에게 전화를 해도 돼요?

B 수업 시간에 전화를 하면 안 되지만 쉬는 시간에는 해도 돼요.

(2) 3~4명씩 모이세요. 수업 시간에 지켜야 하는 규칙에 대해 이야기하고 가장 중요하다고 생각하는 규칙 세 가지를 써 보세요. In groups of three to four, discuss the rules that should be followed in class and write down the three most important rules chosen by your group members.

어떤 규칙이 필요해요?

왜 그 규칙이 필요해요?

우리 반 규칙

*

*

*

(3) 팀에서 이야기한 우리 반 규칙에 대해 발표해 보세요.

Present the class rules discussed in your group.

우리는 규칙을 세 가지 정했습니다. 첫 번째로 수업 시간에 친구에게 전화를 하면 안 됩니다. 그리고 음식을 먹으면 안 됩니다. …… 우리 모두 규칙을 잘 지켜요.

읽고 쓰기 Reading and writing

1 **다음 그림을 보세요. 리카는 어떤 규칙을 어긴 것 같은지 말해 보세요.**
Look at the picture. What rules has Rika violated?

방학인데 ......

제가 다닌 고등학교에는 규칙이 많았습니다. 화장하면 안 됩니다. 머리는 파마도, 염색도 하면 안 됩니다. (Ⓐ) 방학이 되었습니다. (Ⓑ) 다음 날, 저는 미용실에서 머리를 빨간색으로 염색했습니다. (Ⓒ) 머리가 마음에 들었습니다.

그리고 며칠 후 저는 친구들과 쇼핑몰에 갔습니다. 친구들은 제 머리를 보고 모두 부러워했습니다. 우리는 잠깐 이야기를 하고 옷을 구경하러 옷 가게에 들어갔는데 거기에 우리 담임 선생님이 계셨습니다. 선생님은 제 빨간 머리를 보고 놀라셨습니다. 그리고 선생님이 저를 부르셨습니다. 방학에도 학교 규칙을 지켜야 하는데 제가 규칙을 지키지 않아서 주의를 주셨습니다. 그 일 이후부터 저는 방학에도 규칙을 잘 지켰습니다.

2 **위의 글은 리카가 규칙을 어긴 경험에 대한 내용이에요. 읽고 답해 보세요.**
The passage above is about Rika's experience of breaking rules. Read and answer the questions.

(1) 읽은 내용과 같으면 ○, 다르면 ×로 표시해 보세요.
Mark ○ if it is true, × if it is false.

① 리카가 다닌 고등학교에는 화장 금지 규칙이 있었습니다. ( )
② 친구들은 리카의 머리를 보고 놀랐습니다. ( )
③ 리타는 쇼핑몰에서 선생님과 약속이 있었습니다. ( )

(2) 선생님은 리카에게 왜 주의를 주었어요?
What did Rika do in front of the concert venue?

(3) 다음 문장이 들어갈 알맞은 곳을 골라 보세요.
Choose the appropriate place for the following sentence.

하지만 저는 염색을 해 보고 싶어서 방학을 기다렸습니다.

① Ⓐ ② Ⓑ ③ Ⓒ

+ 더 알아보기

ㅎ 불규칙

'ㅎ'으로 끝나는 형용사의 어간 뒤에 모음이 오면 'ㅎ'이 탈락한다. 어간 뒤에 '-아/어'로 시작하는 어미가 오면 어간 모음 '-아/어'는 '-애'로, '-야'는 '-얘'로 바뀐다.

If a vowel comes after the stem of an adjective ending with ㅎ, the ㅎ is dropped. When an ending that begins with -아/어 comes after ㅎ, the ㅎ is dropped off and -아/어 of the ending changes to -애 while -야 changes to -얘.

예) 노란 우산을 쓰고 있어요.
한국어 공부가 어때요?
어젯밤에 눈이 와서 밖이 하얘요.

3 여러분이 규칙을 어긴 경험에 대한 글을 써 보세요.

Write a paragraph about an experience where you violated a rule.

(1) 다음 질문을 보고 메모해 보세요.

Write a note about the following questions.

언제, 어떤 규칙을 어겼습니까?

왜 규칙을 어겼습니까?

그 규칙을 어긴 후에 어떻게 되었습니까?

(2) 위의 메모를 바탕으로 규칙을 어긴 경험에 대한 글을 써 보세요.

Based on the memo above, write a paragraph about an experience where you violated a rule.

준비하기

- 다음은 웃어른에게 대한 예절이에요. 어른에게 인사를 하거나 물건을 드릴 때 어떻게 할까요?
  Look at the pictures. What etiquette should you follow when you greet the elders or give them presents?

알아보기

- 한국에서는 웃어른을 만나면 공손하게 허리를 굽혀 인사 드려요. 그리고 물건을 드릴 때는 한 손으로 드리지 않고 두 손으로 공손하게 드려요. 그리고 웃어른을 만나서 악수를 할 때는 아랫사람이 먼저 손을 내밀지 않아요. 웃어른이 손을 내밀어 악수를 청하면 그때 악수를 해요. 그리고 웃어른과 같이 앉아 있을 때는 다리를 꼬고 앉지 않아요. 다리를 모으고 앉아요. 술을 마실 때도 고개를 옆으로 돌려서 술을 마셔요.
  When meeting an elder in Korean culture, it is customary to greet them with a polite bow, slightly bending the waist. Additionally, when presenting an item, it is respectful to use both hands instead of just one. Unlike in some cultures, it is considered impolite for the junior person to extend their hand first when shaking hands with an elder. Instead, the elder initiates the handshake by extending their hand, and then the handshake takes place. Furthermore, when sitting with an elder, it is advised to avoid crossing legs and instead sit with legs together. Lastly, when drinking alcohol, it is customary to turn the head to the side while taking a sip.

생각해 보기

- 위의 예절 중에서 여러분이 알고 있었던 것과 지금 새롭게 알게 된 것을 이야기해 보세요.
  Talk about etiquette rules that you already knew from the ones mentioned and those that you have learned newly.
- 여러분이 어른 앞에서 실수한 경험을 서로 이야기해 보세요.
  Share experiences where you unintentionally came across as impolite to adults.

어휘와 표현 확인
Vocabulary and expressions check

의미를 아는 어휘나 표현에 ✓표 해 보세요.
Check(✓) the vocabulary or expressions that you know.

1 여권이 없는데 통장을 만들 수 있어요?

- ☐ 서명하다 — to sign
- ☐ 저금하다 — to save money
- ☐ 환전하다 — to exchange money
- ☐ 돈을 보내다 — to transfer money
- ☐ 통장을 만들다 — to create a bank account
- ☐ 체크 카드를 신청하다 — to apply for a debit card
- ☐ 비밀번호를 누르다 — to enter the password
- ☐ 돈을 찾다 — to withdraw money
- ☐ 번호표를 뽑다 — to take a number ticket
- ☐ 외국인등록증 — Certificate of Alien Registration
- ☐ 코트 — coat
- ☐ 연장하다 — to extend
- ☐ 출입국·외국인청 — Immigration Office
- ☐ 도장 — stamp
- ☐ 재학 증명서 — Certificate of enrollment
- ☐ 성적 증명서 — Transcript of records
- ☐ 서류 — document
- ☐ 저울에 올리다 — to put on a scale
- ☐ 일반 우편 — regular mail
- ☐ 국제 특급 우편(EMS) — Express Mail Service (EMS)

2 여기에 앉아도 돼요

- ☐ 새치기하다 — to cut in line
- ☐ 강아지를 데려가다 — to take a dog along
- ☐ 음식물을 가져가다 — to bring food
- ☐ 다른 사람을 밀다 — to push other person
- ☐ 뛰어다니다 — to run around
- ☐ 그림을 만지다 — to touch a picture
- ☐ 담배를 피우다 — to smoke
- ☐ 쓰레기를 버리다 — to throw away trash
- ☐ 큰 소리로 떠들다 — to make a loud noise
- ☐ 탈의실 — dressing room
- ☐ 단정하다 — to be neat and tidy
- ☐ 주차하다 — to park one's car
- ☐ 관람 — watch
- ☐ 예절 — etiquette
- ☐ 공연 중 — in the middle of a performance
- ☐ 불빛 — light
- ☐ 박수를 치다 — to applaud
- ☐ 클래식 — classic
- ☐ 방해가 되다 — to be disruptive
- ☐ 촬영 — filming
- ☐ 불가능하다 — to be impossible
- ☐ 발로 차다 — to kick
- ☐ 화가 나다 — to be angry

3 기숙사에 친구를 데려오면 안 돼요

- ☐ 규칙을 지키다 — to follow the rules
- ☐ 조용히 — quietly
- ☐ 반납하다 — to return
- ☐ 고양이를 키우다 — to raise a cat
- ☐ 다리미 — iron
- ☐ 마음에 들다 — to be pleased with
- ☐ 화장하다 — to put on makeup
- ☐ 부러워하다 — to envy
- ☐ 담임 선생님 — homeroom teacher
- ☐ 빨갛다 — to be red
- ☐ 금지 — ban
- ☐ 놀라다 — to be surprised
- ☐ 주의를 주다 — to warn
- ☐ 이후 — after
- ☐ 규칙을 어기다 — to break the rules

Appendix
부록

2단원 | 일상생활 Everyday life

3 학생 A와 학생 B가 되어 그림에서 가족들이 무엇을 하는지 말해 보세요. 그리고 서로 다른 그림에 ✓표 해 보세요. With student A, ask and answer questions about what each family member is doing. Then mark the differences with a check(✓).

학생 A p.44 >

학생 B (5) 외할머니 (6) 외할아버지 (7) 이모 (8) 어머니

A 할머니께서 책을 읽으세요?
B 아니요. 텔레비전을 보세요.

4단원 | 외모와 성격 Appearance and personality

3 학생 A와 학생 B가 되어 그림 속에 있는 사람이 누구인지 이야기해 보세요. 그리고 빈칸에 알맞게 써 보세요. With student A, ask and answer questions about identifying the people in the picture. Then fill the blanks.

학생 A p.84 >

학생 B (2) 레아 (4) 리카 (6) 다니엘 (8) 타나펀

A 누가 올가예요?

B 김밥을 먹는 사람이 올가예요.

3 학생 A와 학생 B가 되어 학교생활과 취미 생활에 대해 말해 보세요. 그리고 친구의 대답을 듣고 □에 ✓표 해 보세요. With student A, ask and answer questions about school life and hobbies. Then mark his/her answers with a check(✓).

학생 A p.109 >

학생 B

학교생활

이름: 레아 국적: 프랑스

	네	아니오
(1) 동아리를 했어요?	☑	☐
(2) 장학금을 받았어요?	☐	☐
(3) 선생님에게 혼났어요?	☐	☑
(4) 학교에 가기 싫어서 안 갔어요?	☐	☐

취미 생활

이름: 샤오동 국적: 중국

	네	아니오
(5) 악기를 배웠어요?	☑	☐
(6) 팬클럽에 가입했어요?	☐	☐
(7) 가구를 만들었어요?	☐	☑
(8) 같은 영화를 여러 번 봤어요?	☐	☐

A 레아 씨는 동아리를 한 적이 있어요?

B 네. 동아리를 한 적이 있어요.

문화 해설
Cultural notes

1단원 | 나이를 묻는 이유 Reasons for asking one's age

p.38 >

Q **한국 사람들은 처음 만난 사람에게 왜 나이를 물어봐요?**
Why do Koreans ask about ages when they first meet someone?

A 한국에서는 상대방이 자신보다 나이가 많은지 적은지에 따라 언어나 행동 등이 결정돼요. 이를테면 자신보다 나이가 많은 사람에게 인사할 때는 허리를 굽히면서 "안녕하세요?"라고 인사하지만, 나이가 같거나 어린 사람에게는 손을 흔들면서 "안녕"이라고 인사해요. 그리고 자신보다 나이가 많은 사람에게는 높임말을 쓰고 나이가 같거나 적은 사람에게는 반말을 쓸 수 있어요. 한국에서는 상대방이 자신보다 나이가 많은지, 적은지에 따라 적절하게 말하고 행동하는 것이 매우 중요해요. 누군가를 처음 만나는 순간은 그 사람과의 관계가 시작되는 순간이에요. 앞으로 이 사람과의 관계를 맺어 나갈 때 어떠한 말과 태도로 대해야 할지 파악하기 위해서 한국 사람들이 처음 만났을 때 나이를 묻는 거예요.

In Korea, age determines how people behave and communicate with one another. For example, when greeting someone older, people bow slightly and say "Annyeonghaseyo?" (Hello?), while they shake hands and say "Annyeong" (Hi) to those who are the same age or younger. Additionally, honorific language is used when speaking to someone older, while casual language is used with those who are the same age or younger. In Korea, it is highly important to speak and act appropriately according to whether the other person is older or younger. As the moment you first meet someone is the beginning of your relationship, Koreans ask each other's age to determine how to communicate and behave with that person.

2단원 | 우리 Our

p.58 >

Q **한국에서는 '우리'라는 말을 언제 써요? 그리고 왜 이렇게 많이 써요?**
When do Koreans use the expression '우리'? Why do they use this expression frequently?

A 한국인은 자신과 관련된 이야기를 할 때 '우리'라는 표현을 자주 사용해요. 여기에서 '우리'는 어떤 공동체에 속한 사람들을 의미하는데 이것은 과거 농경 사회에서 만들어진 공동체 의식과 관련이 깊어요. 농사를 지을 때는 많은 일손이 필요하기 때문에 과거에는 함께 일하고 함께 살면서 함께 밥 먹고 함께 일을 하곤 했어요. 그래서 이러한 공동체 의식이 언어에 나타난 거예요. 한국의 응원 문화, 동호회 문화, 단체 채팅방에서도 한국인의 공동체 의식을 찾아볼 수 있어요.

Koreans frequently use the expression 우리 when talking about something related to themselves. Here, 우리 refers to people belonging to a community, and it is deeply connected to the collective consciousness that originated from agricultural society in the past. In the past, when farming, there was a need for collective labor, so people used to work, live, eat, and do tasks together. This collective consciousness is reflected in the Korean language. You can also observe the Korean sense of community in their cheering culture, club culture, and group chat rooms on social networking sites (SNS).

3단원 | 집과 온돌 Korean houses and Ondol

p.78 >

Q 한국의 집은 왜 방바닥이 따뜻해요?
Why do Korean houses have warm floors?

A 한국의 집에는 '온돌'이라는 바닥 난방이 있어서 방바닥이 따뜻해요. '온돌'은 불을 때면 불기운이 방 밑에 있는 돌을 데워서 방바닥을 따뜻하게 해 주는 한국의 전통 난방 장치예요. 예전에는 '온돌'을 '구들'이라고도 했는데 이는 '구운 돌'이란 뜻이에요. 한국인들은 아파트에도 온돌 형태의 난방을 개발했는데 방바닥에 온수 파이프를 깔아서 순환시키는 보일러 난방을 설치해요. 이러한 온돌의 원리로 돌침대, 황토 침대 등이 만들어졌고, 돌솥을 이용하여 따뜻하게 먹을 수 있는 돌솥밥, 돌솥비빔밥도 개발됐어요.

In Korean houses, there is a floor heating system called 'ondol,' which keeps the room floor warm. Ondol is a traditional Korean heating device where the heat from a fire warms the stones underneath the room, providing warmth to the floor. In the past, ondol was also referred to as 'gudeul,' which means 'heated stones.' Koreans have developed ondol-style heating even in apartments, where a boiler system circulates hot water through pipes installed in the floor. Based on the principles of ondol, various creations such as stone beds and clay beds have been made, and dishes like 돌솥밥 (stone pot rice) and 돌솥비빔밥 (stone pot bibimbap)', which can be enjoyed warm, have been developed.

4단원 | 옷과 신발의 사이즈 Size of clothes and shoes

p.98 >

Q 한국 사람들은 옷 사이즈를 말할 때 '90, 95, 100'이나 'S, M, L' 외에 '44, 55, 66'이라고 말하기도 하는데 그건 무슨 의미일까요?
In addition to '90, 95, 100' and 'S, M, L', Koreans also use another clothing size notation, '44, 55, 66'. How did this size notation developed?

A 1981년에 한국 20대 여성의 평균 키는 155cm이고 평균 가슴둘레는 85cm였는데 155와 85의 끝자리 숫자를 따서 55라는 표준 사이즈가 나오게 되었어요. 그리고 표준 사이즈에서 키 5cm, 가슴둘레 3cm를 뺀 것은 44, 표준 사이즈에 키 5cm, 가슴둘레 3cm를 더한 것은 66으로 정했어요. 시간이 흘러 한국 여성의 표준 체형이 달라지면서 이러한 사이즈 표기 방식은 공식적으로 사용하지 않게 되었지만, 그래도 여전히 여성 옷의 사이즈를 말할 때 '44, 55, 66'을 사용하는 사람들이 많이 있어요.

Back in 1981, the average height of Korean women in their 20s was 155cm, with an average chest circumference of 85cm. This led to the development of the standard size 55, which was obtained by combining the last digits of 155 and 85. Additionally, subtracting 5cm from the standard height size and 3cm from the chest circumference resulted in size 44. Conversely, adding 5cm to the standard height size and 3cm to the chest circumference gave rise to size 66. Although the official use of this size notation method has changed over time due to evolving standards of the female body shape in Korea, many people still use '44, 55, 66' as a way to describe women's clothing sizes.

5단원 | 강릉 Gangneung

p.118 >

Q **경포해변, 대관령, 오죽헌은 어떤 곳이에요?**
Can you provide information about Gyeongpo Beach, Daegwallyeong, and Ojukheon?

A 경포해변은 강릉의 대표적인 해변이에요. 1.8㎞의 하얀 모래밭과 해변을 둘러싸고 있는 소나무 길이 아름다워요. 이 소나무 길을 따라 남쪽으로 가면 안목해변까지 걸어갈 수 있어요. 안목해변에는 유명한 강릉의 카페거리가 있어서 커피를 마시며 바다를 볼 수 있어요. 대관령은 강릉과 평창 사이에 있는 고개예요. 높이가 832m나 돼서 고랭지 농업과 목축업이 발달했고 스키장이 있어요. 오죽헌은 조선 시대의 신사임당(1504~1551년)과 아들 율곡 이이(1536~1584년)가 살던 집이에요. 신사임당은 한국의 5만 원짜리 지폐에, 율곡 이이는 5천 원짜리 지폐에 얼굴이 그림으로 들어가 있는데, 오죽헌에 가면 두 사람에 대해 살펴볼 수 있어요.

Gyeongpo Beach is a renowned beach in Gangneung. It boasts a picturesque 1.8 km stretch of white sandy shores, adorned with charming paths lined with pine trees. If you follow these tree-lined paths towards the south, you can walk all the way to Anmok Beach. Anmok Beach is famous for its café street, offering the perfect setting to indulge in a cup of coffee while enjoying a scenic view of the sea. Daegwallyeong is a pass located between Gangneung and Pyeongchang. With an elevation of 832 meters, it is known for highland agriculture, livestock farming, and ski resorts. Ojukheon is the historic residence of Shin Saimdang (1504-1551) and her son Yulgok Yi I (1536-1584) during the Joseon Dynasty. Shin Saimdang's portrait graces the 50,000 won banknote, while Yulgok Yi I's portrait can be found on the 5,000 won banknote. A visit to Ojukheon offers an enriching opportunity to learn more about these two figures.

6단원 | 웃어른에 대한 예절 Etiquette for elders

p.138 >

Q **한국에서 웃어른에 대한 예절이 있어요. 어떤 게 있을까요?**
Is there any special etiquette toward elders in Korea?

A 웃어른을 만나면 공손하게 허리를 굽혀 인사 드려요. 그리고 물건을 드릴 때는 한 손으로 드리지 않고 두 손으로 공손하게 드려요. 그리고 웃어른을 만나서 악수를 할 때는 아랫사람이 먼저 손을 내밀지 않아요. 웃어른이 손을 내밀어 악수를 청하면 그때 악수를 해요. 그리고 웃어른과 같이 이야기를 하거나 식사를 할 때가 있지요? 웃어른과 같이 앉아 있을 때는 다리를 꼬고 앉지 않아요. 다리를 모으고 앉아요. 술을 마실 때도 고개를 옆으로 돌리고 술을 마셔요. 웃어른과 같이 이야기를 할 때도 어른의 말씀이 다 끝나면 그다음에 내 이야기를 해요. 말씀 중간에 말을 끊고 내 이야기를 하지 않아요.

In Korean culture, when meeting an elder, it is customary to greet them with a polite bow, slightly bending the waist. When offering an item, it is considered respectful to use both hands instead of just one. Regarding handshaking, it is polite for the junior person to wait for the elder to extend their hand first, rather than initiating the handshake. Moreover, when sitting with an elder, it is advised to avoid crossing your legs and instead keep them together. When drinking alcohol, it is customary to turn your head to the side while taking a sip. During a conversation with an elder, it is best to wait for them to finish speaking before sharing your own thoughts, refraining from interrupting their speech with your own story.

듣기 지문 및 정답
Listening script and answers

1단원 | 학교생활 School life

1 대학교에 들어가려고 공부해요
I'm studying to enter college

문법 *pp.23~24*

1. (1) 선생님 샤니 씨, 왜 한국어를 배워요?
   샤니 한국 대학교에 입학하려고 한국어를 배우고 있어요.

   (2) 레아 왜 이렇게 빵을 많이 샀어요?
   샤오동 친구들하고 같이 먹으려고 빵을 많이 샀어요.

   (1) ① (2) ②

2. (1) ⓒ (2) ⓑ (3) ⓔ (4) ⓐ (5) ⓓ

3. (1) A 리카 씨, 지금 뭐 하고 있어요?
   B 같이 숙제하려고 친구를 기다리고 있어요.

   (2) A 건우 씨, 지금 뭐 하고 있어요?
   B 같이 영화를 보려고 친구를 기다리고 있어요.

   (3) A 레아 씨, 지금 뭐 하고 있어요?
   B 같이 커피를 마시려고 친구를 기다리고 있어요.

   (4) A 브루나 씨, 지금 뭐 하고 있어요?
   B 같이 전시회에 가려고 친구를 기다리고 있어요.

   (5) A 제이슨 씨, 지금 뭐 하고 있어요?
   B 같이 테니스를 치려고 친구를 기다리고 있어요.

   (6) A 타나펀 씨, 지금 뭐 하고 있어요?
   B 같이 친구 집에서 놀려고 친구를 기다리고 있어요.

듣고 말하기 *pp.25~26*

2. 올가 처음 뵙겠습니다. 제 이름은 올가입니다. 러시아에서 왔습니다. 저는 대학교에서 경제학을 전공했습니다. 러시아에서 대학교를 졸업하고 한국어를 배우려고 한국에 왔습니다. 만나서 반갑습니다.
   다니엘 안녕하세요? 저는 다니엘이고 독일 사람입니다. 한국에서 컴퓨터 회사에 다니고 있습니다. 동료들과 한국어로 이야기하려고 한국어를 공부하고 있습니다. 앞으로 잘 부탁드립니다.

   (1) ③ (2) ②

3. 건우 안녕하세요? 저는 건우예요. 재미교포예요.
   타나펀 만나서 반가워요. 제 이름은 타나펀이고 태국 사람이에요.
   건우 타나펀 씨는 언제 한국에 왔어요?
   타나펀 3개월 전에 왔어요. 한국 대학교에 들어가려고 한국말을 공부하고 있어요. 건우 씨는 왜 한국에 왔어요?
   건우 방학이라서 한국말을 배우려고 왔어요.
   타나펀 건우 씨는 학생이에요?
   건우 네. 지금 대학교 2학년이에요.

   (1) ① × ② ○ ③ ×
   (2) 한국 대학교에 들어가려고 한국말을 공부하고 있어요.

발음

1. (1) 한국말 [□ 한국말, ☑ 한궁말]
   (2) 국물 [☑ 궁물, □ 국물]
   (3) 작년 [☑ 장년, □ 작년]
   (4) 먹는 [□ 먹는, ☑ 멍는]

2 그림 동아리에 가입할게요 I will join the paint club

문법 pp.28~29

2. (1) ⓔ (2) ⓒ (3) ⓓ (4) ⓐ (5) ⓑ

3. (1) A 우리 타나펀의 생일파티를 같이 준비해요. 레아 씨는 뭐 할 거예요?
   B 저는 케이크를 만들게요.
   (2) A 우리 타나펀의 생일파티를 같이 준비해요. 리카 씨는 뭐 할 거예요?
   B 저는 선물을 살게요.
   (3) A 우리 타나펀의 생일파티를 같이 준비해요. 샤니 씨는 뭐 할 거예요?
   B 저는 축하 카드를 쓸게요.
   (4) A 우리 타나펀의 생일파티를 같이 준비해요. 브루나 씨는 뭐 할 거예요?
   B 저는 음식을 주문할게요.
   (5) A 우리 타나펀의 생일파티를 같이 준비해요. 샤오동 씨는 뭐 할 거예요?
   B 저는 콜라를 가져올게요.
   (6) A 우리 타나펀의 생일파티를 같이 준비해요. 제이슨 씨는 뭐 할 거예요?
   B 저는 생일 축하 노래를 부를게요.

읽고 말하기 p.30

2. (1) ③ (2) ① × ② ○ ③ ×

3 한국어를 배우는 것이 즐겁습니다
I enjoy learning Korean

문법 pp.32~33

2. (1) ⓓ (2) ⓒ (3) ⓐ (4) ⓑ (5) ⓔ

3. (1) 쓰는 게
   (2) 오는 걸
   (3) 만드는 게
   (4) 타는 게/타는 건
   (5) 보는 건, 하는 건

듣고 말하기 p.34

2.

김민지 선생님	샤오동 씨, 무슨 일 있어요? 학교생활이 힘들어요?
샤오동	아니요. 학교에 다니는 건 재미있지만 한국말이 좀 어려워서요.
김민지 선생님	그래요? 어떤 게 가장 어려워요?
샤오동	쓰기가 너무 어려워요. 선생님, 어떻게 하면 쓰기를 잘할 수 있어요?
김민지 선생님	쓰기를 잘하고 싶으면 단어와 문법을 잘 알아야 돼요. 단어와 문법을 복습하고 문장을 만들어 보세요.
샤오동	네. 선생님. 오늘부터 해 볼게요.
김민지 선생님	그리고 한국말로 일기를 쓰는 것도 도움이 될 거예요. 매일 일기 쓰는 게 힘들면 일주일에 두세 번 정도 써 보세요.

(1) 쓰기가 가장 어려워요. (2) ②, ③ (3) ①

읽고 쓰기 p.36

2. (1) ② (2) ② (3) ③

2단원 | 일상생활 Daily life

1 어머니께서 운동을 좋아하세요
My mother likes to exercise

문법 pp.43~44

1. (1) 샤오동 지유 씨, 왜 꽃을 샀어요?
   지유 어머니가 꽃을 좋아하셔서 샀어요.

   (2) 제이슨 실례합니다. 김민지 선생님 계세요?
   최도윤 선생님 아니요. 교실에 가셨어요. 교실에 가 보세요.

   (1) ① (2) ①

2. (1) ⓔ (2) ⓑ (3) ⓓ (4) ⓐ (5) ⓒ

3. (1) A 할머니께서 책을 읽으세요?
   B 아니요. 텔레비전을 보세요.

   (2) A 할아버지께서 전화를 하세요?
   B 네. 전화를 하세요.

   (3) A 삼촌께서 음악을 들으세요?
   B 아니요. 기타를 치세요.

   (4) A 아버지께서 음식을 만드세요?
   B 네. 음식을 만드세요.

   (5) A 외할머니께서 그림을 그리세요?
   B 아니요. 주무세요.

   (6) A 외할아버지께서 점심을 잡수세요?
   B 네. 점심을 잡수세요.

   (7) A 이모께서 이메일을 쓰세요?
   B 네. 이메일을 쓰세요.

   (8) A 어머니께서 창문을 닦으세요?
   B 아니요. 손을 씻으세요.

듣고 말하기 pp.45~46

2. 타나펀 지유 씨, 오늘 시간 있어요? 같이 저녁 먹을까요?
   지유 미안해요. 저녁에 할아버지 댁에 가야 돼요. 오늘이 할아버지 생신이에요.
   타나펀 아, 그래요? 할아버지 연세가 어떻게 되세요?
   지유 올해 70 되셨어요.
   타나펀 지유 씨는 할아버지 댁에 자주 가요?
   지유 전에는 자주 갔어요. 요즘은 바빠서 자주 못 가요.

   (1) ① ○ ② × ③ × (2) 바빠서 자주 못 가요.

3. 브루나 안녕하세요? 지금부터 우리 아버지를 소개하려고 합니다. 우리 아버지는 고등학교 영어 선생님이십니다. 수업이 재미있어서 학생들에게 인기가 많으십니다. 아버지는 노래도 잘하시고 운동도 좋아하십니다. 특히 축구를 좋아하셔서 주말에 축구 동호회에 가십니다. 저도 아버지를 닮아서 운동을 좋아합니다. 우리 가족은 모두 아버지를 존경하고 사랑합니다.

   (1) ② (2) 고등학교 영어 선생님이세요.

발음

1. (1) 닮다 [☐ 달따, ☑ 담따]
   (2) 힘듦 [☑ 힘듬, ☐ 힘들]
   (3) 굶어서 [☐ 구머서, ☑ 굴머서]
   (4) 삶아요 [☑ 살마요, ☐ 사마요]

2 머리를 잘라 주세요 Please cut my hair

문법 pp.48~49

2. (1) ⓓ (2) ⓑ (3) ⓐ (4) ⓔ (5) ⓒ

3. (1) A 불을 꺼 줄까요?
   B 네. 좀 꺼 주세요.

   (2) A 옷을 걸어 줄까요?
   B 네. 좀 걸어 주세요.

   (3) A 책을 찾아 줄까요?
   B 네. 좀 찾아 주세요.

   (4) A 사진을 찍어 줄까요?
   B 네. 좀 찍어 주세요.

   (5) A 창문을 닫아 줄까요?
   B 네. 좀 닫아 주세요.

   (6) A 아이스크림을 사 줄까요?
   B 네. 좀 사 주세요.

읽고 말하기 *p.50*

2. (1) ① ○ ② × ③ × (2) ①

3 늦게 자게 돼요 I end up go to bed late

문법 *pp.52~53*

2. (1) ⓓ (2) ⓐ (3) ⓑ (4) ⓒ (5) ⓔ

3. (1) 사귀게 됐어요
   (2) 좋아하게 됐어요
   (3) 먹게 됐어요
   (4) 안 하게 돼요
   (5) 자게 돼요

듣고 말하기 *p.54*

2.
리카 샤오동 씨, 또 커피를 마셔요?
샤오동 네. 너무 졸려서 자꾸 커피를 마시게 돼요.
리카 왜요? 어제 잠을 못 잤어요?
샤오동 요즘 잠이 안 와서 새벽 2시쯤 자요. 그래서 아침에 늦게 일어나게 돼요.
리카 아, 그래서 요즘 수업에 자주 늦는 거예요?
샤오동 네. 맞아요. 잠을 못 자서 요즘 머리도 자주 아프고 입맛도 없어요.
리카 그럼 운동을 한번 해 보세요. 저도 친구 추천으로 요가를 시작했어요. 그래서 지금은 일찍 자고 일찍 일어나게 됐어요.
샤오동 그래요? 그럼 저도 운동을 시작해 볼게요.

(1) 졸려서 커피를 마셔요.
(2) ② (3) ① ○ ② ○ ③ ×

읽고 쓰기 *p.56*

2. (1) ③ (2) ① ○ ② × (3) ③

3단원 | 주거 환경 Living environment

1 어떤 집에서 살고 싶어요?
What kind of house do you want to live in?

문법 *pp.63~64*

1. (1) 레아 어제 뭘 샀어요?
   브루나 큰 가방을 샀어요.

   (2) 다니엘 어디에서 살아요?
   타나펀 학교에서 가까운 원룸에서 살아요.

   (1) ① (2) ②

2. (1) ⓑ (2) ⓓ (3) ⓒ (4) ⓔ (5) ⓐ

3. (1) A 큰 자동차를 좋아해요? 작은 자동차를 좋아해요?
B 작은 자동차를 좋아해요.

(2) A 신 과일을 좋아해요? 단 과일을 좋아해요?
B 단 과일을 좋아해요.

(3) A 긴 머리를 좋아해요? 짧은 머리를 좋아해요?
B 짧은 머리를 좋아해요.

(4) A 밝은 티셔츠를 좋아해요? 어두운 티셔츠를 좋아해요?
B 밝은 티셔츠를 좋아해요.

(5) A 뜨거운 커피를 좋아해요? 차가운 커피를 좋아해요?
B 차가운 커피를 좋아해요.

(6) A 말이 많은 사람을 좋아해요? 말이 적은 사람을 좋아해요?
B 말이 적은 사람을 좋아해요.

듣고 말하기 *pp.65~66*

2.

다니엘	상진 씨, 오피스텔에서 살아요?
상진	네. 회사에서 가까운 오피스텔에서 살고 있어요.
다니엘	그 집은 어때요?
상진	집은 크지 않지만 깨끗하고 교통이 편리해서 좋아요.
다니엘	관리비는 얼마쯤 나와요?
상진	보통 한 달에 10만 원쯤 나와요. 그런데 겨울에는 15만 원 정도 나와요.

(1) ① (2) 깨끗하고 교통이 편리해서 좋아요.

3.

리카	제이슨 씨는 어디에서 살아요?
제이슨	저는 신촌에 있는 원룸에서 살아요. 학교에서 가깝고 주변에 편의 시설이 많아서 좋아요. 그런데 왜요?
리카	제가 지금 기숙사에 살아요. 그런데 다음 학기에 이사하려고요.
제이슨	그래요? 리카 씨는 어떤 집에서 살고 싶어요?
리카	조용하고 시설이 좋은 원룸을 찾고 있어요. 제이슨 씨는 그 집을 어떻게 찾았어요?
제이슨	인터넷 사이트에서 찾았어요. 제가 그 사이트를 소개해 줄까요?
리카	정말요? 고마워요. 제이슨 씨.

(1) ① (2) ① ○ ② ○ ③ ×

발음

1. (1) 편리 [☐ 편리, ☑ 펼리]
(2) 관리비 [☑ 괄리비, ☐ 관리비]
(3) 연락 [☑ 열락, ☐ 연락]
(4) 한라산 [☐ 한라산, ☑ 할라산]

2 다른 집보다 좀 비싸요

It is a little more expensive than other houses

문법 *pp.68~69*

2. (1) ⓒ (2) ⓔ (3) ⓐ (4) ⓑ (5) ⓓ

3. (1) A 연필이 많아요? 볼펜이 많아요?
B 볼펜이 연필보다 더 많아요.

(2) A 축구공이 커요? 야구공이 커요?
B 축구공이 야구공보다 커요.

(3) A 한라산이 높아요? 설악산이 높아요?
B 한라산이 설악산보다 높아요.

(4) A 스키를 잘 타요? 스노보드를 잘 타요?
B 스노보드를 스키보다 잘 타요.

(5) A 수학을 잘해요? 역사를 잘해요?
B 수학을 역사보다 잘해요.

(6) A 삼겹살을 자주 먹어요? 불고기를 자주 먹어요?
B 삼겹살을 불고기보다 자주 먹어요.

읽고 말하기 *p.70*

2. (1) ② (2) ① ○ ② × ③ ×

3 어려운 일이 있을 때 잘 도와줘요
She helps me a lot when I encounter difficulties

문법 *pp.72~73*

2. (1) ⓑ (2) ⓐ (3) ⓒ (4) ⓓ (5) ⓔ

3. (1) 갈 때
(2) 좋을 때/맑을 때
(3) 받을 때
(4) 볼 때
(5) 만들 때

듣고 말하기 *p.74*

2.

브루나	지유 씨, 무슨 일 있어요?
지유	룸메이트하고 안 맞아서 좀 힘들어요.
브루나	아니, 왜요?
지유	룸메이트가 요즘 청소도 하지 않고 정리도 안 해요. 옷과 물건을 여기저기 놓고 제가 잘 때 새벽까지 컴퓨터 게임을 해요.
브루나	정말요? 그런데 룸메이트하고 이야기해 봤어요?
지유	아니요. 기분이 나빠서 말하고 싶지 않아요.
브루나	지유 씨, 그러지 말고 룸메이트한테 불편한 것을 이야기해 보세요.
지유	알겠어요. 브루나 씨. 사실 룸메이트와 불편해서 저도 마음이 안 좋아요.

(1) ②
(2) ① × ② ○ ③ ×
(3) 룸메이트한테 불편한 것을 이야기해 보세요.

읽고 쓰기 *p.76*

2. (1) ②
(2) ① × ② × ③ ○
(3) 한국 생활이 힘들 때 등산을 해요.

4단원 | 외모와 성격 Appearance and personality

1 옷을 잘 입는 사람이에요
She dresses well

문법 *pp.83~84*

1.

(1)	지유	타나펀 씨, 요즘 어떤 TV 프로그램을 자주 봐요?
	타나펀	제가 자주 보는 프로그램은 음악 프로그램이에요.
(2)	수빈	누가 다니엘이에요?
	샤오동	저기에서 농구하는 사람이 다니엘이에요.

(1) ② (2) ①

2. (1) ⓒ (2) ⓔ (3) ⓐ (4) ⓓ (5) ⓑ

3.

3. (1) A 누가 올가예요?
B 김밥을 먹는 사람이 올가예요.

(2) B 누가 레아예요?
A 이야기를 하는 사람이 레아예요.

(3) A 누가 브루나예요?
B 전화를 하는 사람이 브루나예요.

(4) B 누가 리카예요?
A 책을 읽는 사람이 리카예요.

(5) A 누가 샤오동이에요?
B 물을 마시는 사람이 샤오동이에요.

(6) B 누가 다니엘이에요?
A 음악을 듣는 사람이 다니엘이에요.

(7) A 누가 제이슨이에요?
B 창문을 여는 사람이 제이슨이에요.

(8) B 누가 타나펀이에요?
A 잠을 자는 사람이 타나펀이에요.

듣고 말하기 ***pp.85~86***

2.

타나펀	이 사진은 언제 찍었어요?
수빈	작년 대학교 졸업식 때요.
타나펀	수빈 씨 옆에 있는 사람은 누구예요? 정장을 입고 있는 사람요.
수빈	아, 이 사람요? 오빠예요. 그리고 그 옆에 안경을 쓰고 있는 사람은 제 남동생이에요.
타나펀	그래요? 웃는 모습이 세 사람 모두 닮았어요. 수빈 씨 부모님도 졸업식에 오셨어요?
수빈	네. 이날 아버지, 어머니하고도 사진을 많이 찍었어요.

(1) ① (2) ① ○ ② ○ ③ ×

3.

제이슨	지유 씨, 동아리 공연 잘 봤어요.
지유	제이슨 씨, 공연 어땠어요?
제이슨	한국 전통 공연은 처음 봤어요. 그런데 악기 소리도 좋고 연주하는 모습도 정말 멋있었어요.
지유	고마워요. 참, 제 동생도 공연을 보러 왔어요. 저기에서 샤니 씨랑 이야기하고 있어요.
제이슨	청바지와 스웨터를 입고 모자를 쓰고 있는 사람요?
지유	아니요. 그 옆에 치마와 재킷를 입고 있는 사람요. 같이 인사하러 가요. 제가 소개해 줄게요.

(1) ① ○ ② × ③ ×
(2) 치마와 재킷을 입고 있어요.

발음

1. (1) 흰색 [☐ 흰색, ☑ 힌색]
(2) 주의 [☑ 주이, ☐ 주의]
(3) 나의 가족 [☐ 나이가족, ☑ 나에가족]
(4) 우리의 문제 [☑ 우리에문제, ☐ 우리이문제]

2 잃어버린 가방을 찾고 있어요
I am looking for my lost bag

문법 ***pp.88~89***

2. (1) ⓔ (2) ⓐ (3) ⓓ (4) ⓑ (5) ⓒ

3. (1) A 어제 영화를 봤어요?
B 네. 봤어요. 어제 본 영화는 재미없었어요.

(2) A 어젯밤에 노래를 들었어요?
B 네. 들었어요. 어젯밤에 들은 노래는 시끄러웠어요.

(3) A 그저께 놀이기구를 탔어요?
B 네. 탔어요. 그저께 탄 놀이기구는 무서웠어요.

(4) A 지난 토요일에 풍경 사진을 찍었어요?
B 네. 찍었어요. 지난 토요일에 찍은 풍경 사진은 아름다웠어요.

(5) A 오늘 문법을 배웠어요?
B 네. 배웠어요. 오늘 배운 문법은 어려웠어요.

(6) A 어제 수업 후에 친구를 만났어요?
B 네. 만났어요. 어제 수업 후에 만난 친구는 멋있었어요.

읽고 말하기 *p.90*

2. (1) ① (2) ②

3 가족처럼 소중한 사람이에요
He is as precious as my family

문법 *pp.92~93*

2. (1) ⓐ (2) ⓓ (3) ⓔ (4) ⓒ (5) ⓑ

3. (1) 천사처럼
(2) 모델처럼
(3) 야구 선수처럼
(4) 화가처럼
(5) 요리사처럼

듣고 말하기 *p.94*

2.

레아	샤오동 씨, 여자 친구 있어요?
샤오동	아니요. 없어요.
레아	그럼 제 프랑스 친구 소개해 줄까요?
샤오동	어떤 사람이에요?
레아	샤오동 씨처럼 성격이 밝고 활발해요. 어릴 때 중국에서 살아서 중국어도 잘해요.
샤오동	그 친구는 지금 한국에 있어요?
레아	네. 대학교에서 국제 관계를 전공하고 있어요. 샤오동 씨하고 성격이 비슷해서 말도 잘 통할 거예요.
샤오동	그래요? 그럼 빨리 만나 보고 싶어요.
레아	제가 오늘 친구한테 전화해 볼게요. 그리고 약속 시간을 정해서 알려 줄게요.
샤오동	네. 레아 씨. 고마워요.

(1) ②
(2) 어릴 때 중국에 살아서 중국어를 잘해요.
(3) ① ○ ② ○ ③ ×

읽고 쓰기 *p.96*

2. (1) ①
(2) ① ○ ② ○ ③ ×
(3) 이상형에 가까운 사람을 만나서 행복해요.

5단원 | 경험 Experiences

1 정말 재미있겠어요
It would be really fun

문법 *pp.103~104*

1. (1) 리카 제이슨 씨, 제 룸메이트가 매일 큰 소리로 음악을 들어서 너무 시끄러워요.
   제이슨 정말요? 너무 힘들겠어요.
   리카 그래서 방을 바꾸고 싶어요.

   (2) 지유 놀이공원에 잘 갔다 왔어요?
   샤오둥 네. 놀이 기구도 타고 사진도 많이 찍었어요.
   지유 정말 재미있었겠어요.

   (1) ① (2) ②

2. (1) ⓐ (2) ⓑ (3) ⓔ (4) ⓒ (5) ⓓ

3. (1) A 오늘 시험이 끝났어요.
   B 기분이 좋겠어요.

   (2) A 날씨가 많이 흐려요.
   B 비가 오겠어요.

   (3) A 오늘 아침을 못 먹었어요.
   B 배가 고프겠어요.

   (4) A 숙제가 많아서 늦게 잤어요.
   B 피곤하겠어요.

   (5) A 지난주에 에어컨이 고장 났어요.
   B 더웠겠어요.

   (6) A 어제 예약을 안 하고 유명한 식당에 갔어요.
   B 오래 기다렸겠어요.

듣고 말하기 *pp.105~106*

2. 지유 여보세요. 리카 씨, 여행 준비 다 했어요?
   리카 아니요. 지금 짐을 싸고 있어요. 지유 씨는 짐을 다 쌌어요?
   지유 네. 저는 다 쌌어요. 그런데 리카 씨, 여행자 보험을 들었어요?
   리카 여행자 보험요?
   지유 네. 제가 작년에 여행지에서 갑자기 병이 나서 여행을 못했어요.
   리카 그래요? 고생했겠어요.
   지유 네. 그런데 여행자 보험이 있어서 도움이 많이 됐어요.
   리카 그래요? 저도 오늘 가입할게요. 알려줘서 고마워요. 그럼 내일 공항에서 만나요.

   (1) ① ○ ② ○ ③ ○ (2) ③

3. 브루나 제이슨 씨, 여행 잘 다녀왔어요?
   제이슨 네. 잘 다녀왔어요. 맛있는 음식도 먹고 여기저기 구경도 많이 했어요.
   브루나 정말 좋았겠어요.
   제이슨 네. 재미있었어요. 그런데 돌아올 때 공항에 늦게 도착해서 비행기를 놓쳤어요.
   브루나 정말요? 그래서 어떻게 했어요?
   제이슨 항공사 직원이 알아봐 줘서 다음 비행기를 탈 수 있었어요.
   브루나 공항에서 얼마나 있었어요?
   제이슨 다섯 시간 기다렸어요. 그렇지만 공항에서 쇼핑도 하고 좀 쉬었어요.

   (1) ①
   (2) 공항에 늦게 도착해서 비행기를 못 탔어요.

발음

1. (1) 해돋이 [☑ 해도지, □ 해도디]
   (2) 등받이 [□ 등바디, ☑ 등바지]
   (3) 밑이 [□ 미티, ☑ 미치]
   (4) 같이 [☑ 가치, □ 가티]

2 아르바이트를 한 적이 있어요
I worked part-time

문법 pp.108~109

2. (1) ⓔ (2) ⓒ (3) ⓐ (4) ⓓ (5) ⓑ

3. (1) A 동아리를 한 적이 있어요?
B 네. 동아리를 한 적이 있어요.
(2) A 장학금을 받은 적이 있어요?
B 네. 장학금을 받은 적이 있어요.
(3) A 선생님에게 혼난 적이 있어요?
B 아니요. 혼난 적이 없어요.
(4) A 학교에 가기 싫어서 안 간 적이 있어요?
B 아니요. 학교에 안 간 적이 없어요.
(5) A 악기를 배운 적이 있어요?
B 네. 악기를 배운 적이 있어요.
(6) A 팬클럽에 가입한 적이 있어요?
B 네. 팬클럽에 가입한 적이 있어요.
(7) A 가구를 만든 적이 있어요?
B 아니요. 가구를 만든 적이 없어요.
(8) A 같은 영화를 여러 번 본 적이 있어요?
B 네. 같은 영화를 여러 번 본 적이 있어요.

읽고 말하기 p.110

2. (1) ② (2) ① × ② × ③ ×

3 한국에 있는 동안 뭐 하고 싶어요?
What do you want to do while staying in Korea?

문법 pp.112~113

2. (1) ⓑ (2) ⓓ (3) ⓐ (4) ⓔ (5) ⓒ

3. (1) 교통을 알아보는 동안(에)
(2) 방을 청소하는 동안(에)
(3) 스파게티를 만드는 동안(에)
(4) 책을 읽는 동안(에)
(5) 염색을 하는 동안(에), 머리를 잘라요/ 머리를 자르고 있어요

듣고 말하기 p.114

2.
브루나 제이슨 씨는 이번 학기가 끝나면 고향에 돌아가요?
제이슨 네. 다음 달에 돌아가요. 6개월이 정말 빨리 갔어요.
브루나 한국에서 사는 동안 하지 못해서 아쉬운 게 있어요?
제이슨 지난 학기에 한국어 말하기 대회에 나가고 싶었어요. 그런데 한국어를 잘 못해서 나가지 못한 게 아쉬워요.
브루나 그럼 한국에 있는 동안 뭐가 좋았어요?
제이슨 여행을 많이 다녔고 한국 친구와 여러 나라에서 온 친구들을 많이 사귀었어요. 브루나 씨는 한국에 있는 동안 꼭 하고 싶은 게 있어요?
브루나 저는 한국에서 좋아하는 가수의 팬 사인회에 가 보고 싶어요. 그리고 사인을 받고 싶어요.

(1) ③
(2) ① × ② ○ ③ ×
(3) 한국어를 잘 못해서 나가지 못했어요.

읽고 쓰기 p.116

2. (1) ① 공연장 앞에서 사진을 찍었습니다.
② 응원 봉을 샀습니다.
(2) ① ○ ② × ③ ×
(3) ①

6단원 | 공공장소 Public places

1 여권이 없는데 통장을 만들 수 있어요?

Can I create a bank account without a passport?

문법 pp.123~124

1. (1) 레아 어제 뭐 했어요?
   타나펀 백화점에 갔는데 사람이 많았어요.

   (2) 샤오동 통장을 만들러 왔어요. 그런데 지금 여권이 없는데 만들 수 있어요?
   직원 네. 외국인등록증이 있으시면 그거 주세요.

   (1) ① (2) ①

2. (1) ⓓ (2) ⓒ (3) ⓔ (4) ⓐ (5) ⓑ

3. (1) A 레아는 평일에 바빠요?
   B 네. 평일은 바쁜데 주말에는 시간이 있어요.

   (2) A 레아는 프랑스 사람이에요?
   B 네. 프랑스 사람인데 영어도 잘하고 한국어도 잘해요.

   (3) A 레아는 책을 많이 읽어요?
   B 네. 책을 많이 읽는데 특히 소설책을 좋아해요.

   (4) A 레아는 한국 음식을 좋아해요?
   B 한국 음식을 좋아하는데 비빔밥을 제일 좋아해요.

   (5) A 레아는 한국 남자 친구가 있어요?
   B 네. 한국 남자 친구가 있는데 그 사람하고 다음 달에 결혼해요.

   (6) A 레아는 지난 학기에 기숙사에서 살았어요?
   B 네. 지난 학기에 기숙사에서 살았는데 룸메이트가 리카였어요.

듣고 말하기 pp.125~126

2. 직원 어서 오세요. 어떻게 오셨습니까?
   레아 체크 카드를 만들려고 하는데요.
   직원 그럼 이 신청서를 쓰시고 여기에 서명도 해 주세요. 신분증 있으세요?
   레아 여권하고 외국인등록증 둘 다 있는데 어떤 게 필요해요?
   직원 외국인등록증 주세요.
   레아 네. 신청서하고 외국인등록증 여기 있어요.
   직원 손님, 비밀번호를 눌러 주세요. 한 번 더 눌러 주세요. (잠시 후) 체크 카드 여기 있습니다. 체크 카드는 오늘 바로 사용하실 수 있습니다.

   (1) 체크 카드를 만들려고 갔어요./체크 카드를 만들러 갔어요.
   (2) ① × ② × ③ ○

3. 샤오동 타나펀 씨, 내일 수업 끝나고 영화 보러 갈까요?
   타나펀 미안해요. 저도 보고 싶은데 비자를 연장하러 출입국·외국인청에 가야 돼요.
   샤오동 그래요? 전 지난주에 연장했어요. 홈페이지에서 예약해야 하는데 예약은 했어요?
   타나펀 네. 내일 3시로 했어요. 그런데 샤오동 씨, 연장 신청할 때 학생증도 필요해요?
   샤오동 아니요. 그런데 여권하고 외국인등록증이 꼭 필요해요. 그리고 재학 증명서하고 성적 증명서도 가져가세요.
   타나펀 네. 오늘 수업 후에 학교에 재학 증명서하고 성적 증명서를 신청할게요. 고마워요. 샤오동 씨.

   (1) ③, ⑤, ⑥ (2) ①

발음

1. (1) 입는 [☐ 입는, ☑ 임는]
   (2) 잡는데 [☑ 잠는데, ☐ 잡는데]
   (3) 값만 [☑ 감만, ☐ 갑만]
   (4) 삼십 명 [☐ 삼십명, ☑ 삼심명]

2 여기에 앉아도 돼요 You can sit here

문법 pp.128~129

2. (1) ⓒ (2) ⓑ (3) ⓓ (4) ⓐ (5) ⓔ

3. (1) A 에어컨을 켜도 돼요?
   B 네. 켜세요.

   (2) A 잠깐 들어가도 돼요?
   B 네. 들어오세요.

   (3) A 이 피자를 먹어도 돼요?
   B 네. 먹어요. / 드세요.

   (4) A 여기에 주차해도 돼요?
   B 네. 주차하세요.

   (5) A 화장실에 다녀와도 돼요?
   B 네. 다녀오세요.

   (6) A 이 구두를 신어 봐도 돼요?
   B 네. 신어 보세요.

읽고 말하기 p.130

2. (1) ① × ② ○ ③ ○ (2) ②

3 기숙사에 친구를 데려오면 안 돼요
You should not bring your friends to the dormitory

문법 pp.132~133

2. (1) ⓑ (2) ⓓ (3) ⓒ (4) ⓔ (5) ⓐ

3. (1) 전화하면 안 돼요.
   (2) 음식을 만들면 안 돼요.
   (3) 저녁 늦게 연락하면 안 돼요.
   (4) 고양이를 키우면 안 돼요.
   (5) 수영장에서 수영 모자를 안 쓰면 안 돼요.

듣고 말하기 p.134

2.

타나펀	샤니 씨, 기숙사에서 사는 게 어때요? 기숙사로 이사 가고 싶어서요.
샤니	조용하고 시설이 깨끗해서 아주 좋아요. 그런데 지켜야 하는 규칙이 좀 있어요.
타나펀	어떤 규칙이 있는데요?
샤니	방에서 요리하면 안 되고 방에서 다리미도 사용하면 안 돼요. 음식은 1층에 부엌이 있는데 거기에서만 할 수 있어요.
타나펀	또 다른 규칙이 있어요?
샤니	다른 사람을 기숙사에 데려오면 안 돼요. 그리고 짐을 방 밖에 놓으면 안 돼요. 방 안에 놓아야 돼요.
타나펀	그런데 혹시 방이 마음에 안 들면 어떻게 해요? 방을 바꿔도 돼요?
샤니	아니요. 방을 바꿀 수 없어요.
타나펀	네. 알겠어요. 고마워요.

(1) 조용하고 시설이 깨끗해서 좋아요.
(2) ③
(3) ① ○ ② × ③ ×

읽고 쓰기 p.136

2. (1) ① ○ ② × ③ ×
   (2) 방학에도 학교 규칙을 지켜야 하는데 리카가 규칙을 지키지 않아서 주의를 주었어요.
   (3) ①

찾아보기
Index

집필진 Authors

수석 책임 연구원

이민경 Lee, Minkyung

이화여자대학교 언어교육원 특임교수
Professor of Ewha Language Center, Ewha Womans University

이화여자대학교 한국학과 박사
Ph.D. in Korean Studies, Ewha Womans University

책임 연구원

김현진 Kim, Hyunjin

이화여자대학교 언어교육원 특임교수
Professor of Ewha Language Center, Ewha Womans University

이화여자대학교 독어독문학과 박사
Ph.D. in German Language & Literature, Ewha Womans University

배재원 Bae, Jaewon

이화여자대학교 언어교육원 특임교수
Professor of Ewha Language Center, Ewha Womans University

이화여자대학교 한국학과 박사
Ph.D. in Korean Studies, Ewha Womans University

공동 연구원

정누리 Chung, Noorhee

이화여자대학교 언어교육원 전임강사
Full-time instructor of Ewha Language Center, Ewha Womans University

연세대학교 한국학협동과정 박사 수료
ABD. The Interdisciplinary Graduate Program in Korean Studies, Yonsei University

오유영 Oh, Yuyoung

이화여자대학교 언어교육원 전임강사
Full-time instructor of Ewha Language Center, Ewha Womans University

이화여자대학교 한국학과 박사 수료
ABD. in Korean Studies, Ewha Womans University

박옥경 Park, Okkyung

이화여자대학교 언어교육원 책임강사
Instructor of Ewha Language Center, Ewha Womans University

이화여자대학교 한국어교육학과 석사
M.A. in Teaching Korean to Speakers of Other Languages, Ewha Womans University

황윤정 Hwang, Yunjeong

이화여자대학교 언어교육원 책임강사
Instructor of Ewha Language Center, Ewha Womans University

이화여자대학교 외국어로서의 한국어교육 전공 석사
M.A. in Teaching Korean as a Foreign Language, Ewha Womans University

최효원 Choi, Hyowon

이화여자대학교 언어교육원 책임강사
Instructor of Ewha Language Center, Ewha Womans University

이화여자대학교 한국어교육학과 석사
M.A. in Teaching Korean to Speakers of Other Languages, Ewha Womans University